王俊彥氣論叢刊

天地間只一氣流行

——以道家、日本、韓國、越南為範圍

王俊彥　著

目次

序論

　　《說文解字》：「氣，雲氣也，象形。」氣為雲氣之象，引申為上下四方流動之意。氣在傳統文化中，亦周流遍在上下四方的宇宙萬物間，廣大到天下地上，精微到性情精神，無一不是氣的存在與流行。中國思想史以天道、心性做為生命主題的學派一直是綿長且豐的主流。然而，以氣做為探討宇宙的天地生化的氣論，在歷史的長河中，亦源遠流長，隨時代思潮的改變與天道、心性等論題，做出相應的改變。如氣為雲氣流動之象，故有從自然界的生成化育說氣。亦有從儒家道德次序來說氣，亦有從道家重視自然境界來說氣。氣從春秋戰國，孔、孟、荀已注意到氣的概念，《老子》、《莊子》已用氣詮釋天人之間的關係。漢代的儒家與道家在宗旨上不同，在氣的詮釋上已有成熟的宇宙論架構。至唐代道教盛行，道教受佛教本體性空的挑戰，傳統的氣化的宇宙論，也開始向本體論方向吸收養分。宋明理學以儒融涉佛道，而有程朱、陸王兩路發展。而儒家、道家的氣化論，在宋明則發展成有氣本論、心氣是一論，理氣是一論等，多元又成熟的理論。儒、道、佛思想文化除在中國昌盛外，亦開枝散葉到東亞的韓國、日本、越南。在儒、道思想中，具有重要位置的氣論，亦同樣傳播到韓國、日本、越南等地。氣論在時間上，由春秋戰國延續到明清；在地域上遍及整個中國、韓、日、越；在思想上，深入儒家、道家的理論中，是中國思想史上早已根深柢固影響深遠，又亟待被重新重視的一條思想主軸。

一　氣可分為文學的、道教的、自然的、儒家的氣等類

（一）文學的氣

> 餐六氣而飲沆瀣兮，漱正陽而含朝霞……見王子而宿之兮，審
> 壹氣之和德……壹氣孔神兮，于中夜存；虛以待之兮，無以為
> 先。[1]

楚辭是早期南方韻文詩歌的總集，在雲霧迷漫的雲夢大澤，自然會以
氣做為對環境與情意抒發的工具。古有春食朝霞，冬飲沆瀣以養天地
精氣，消除濁氣之說。「壹氣孔神兮于中夜存」指於夜半時，方可感
知神妙之元氣，要虛心對待，勿以己先，這是用一氣神妙來描述仙人
王子喬的文學筆法。

> 夫耳目鼻口，生之役也；心慮言辭，神之用也。率志委和，則
> 理融而情暢；鑽礪過分，則神疲而氣衰：此性情之數也。是以
> 吐納文藝，務在節宣，清和其心，調暢其氣，煩而即舍，勿使
> 壅滯，意得則舒懷以命筆，理伏則投筆以卷懷，斯亦衛氣之一
> 方也。[2]

劉勰在《文心雕龍‧養氣》這一段，表示文學作品的寫作，心神要理
融情暢，心神疲弱心氣亦衰，心神與氣有連動性。「衛氣之方」是舒

1　楊金鼎、王從仁、劉德重、殷光嘉注：《楚辭注釋》（臺北：文津出版社，1993年），
　　頁438-439。

2　〔南朝梁〕劉勰著；周振甫注：《文心雕龍注釋》（臺北：里仁書局，1994年），頁
　　777。

發情志以寫作時，除養精蓄銳，清和心神外，尚須培養神思、體性、情采等心理內涵，才能透過耳目鼻口之經驗與功用，寫出好的作品。而滋養耳目感官、心神思慮，以至體性情采，以成文藝的重點，便在營養「衛氣」。

（二）道家的氣

> 道生一，一生二，二生三，三生萬物；萬物負陰而抱陽，沖氣以為和。[3]

> 人之生，氣之聚也，聚則為生，散則為死……故萬物一也，是其所美者為神奇，其所惡者為臭腐；臭腐復化為神奇，神奇復化為臭腐。故曰：通天下一氣耳。[4]

《老子》的「道生一」由本體說，道是本體是無，一是道的生成作用是有。由氣化論說，會將道生一，之一視為氣化的開始，亦有將氣提高到與道同為本體的位置者。「沖氣」可解釋為「虛氣」，指氣如道如無，因虛因無，反可成就萬物。《莊子》：「人之生，氣之聚也，聚則為生，散則為死。」此一觀念對後世漢唐以至宋明清主張氣論者，建構宇宙氣化生生不已的基本框架，少有逸出此氣聚為生，氣散則死的原則者，並將氣有聚散的觀念，普遍用在道家、儒家各種論題上。「通天下一氣」收束氣有聚有散的分解說，統整為「天地一氣」的圓融一體觀，漢唐道教多言「通天下一氣」，至宋明清，如劉宗周、戴震等，亦以「通天下一氣」為其思想的綱領。

> 道始生虛廓，虛廓生宇宙，宇宙生氣。氣有涯垠，清陽者薄靡

3　《老子・四十二章》（臺北：中華書局，1954年），頁50。
4　《莊子・知北遊》（臺北：中華書局，1954年），頁731。

> 而為天，重濁者凝滯而為地。清妙之合專易，重濁之凝竭難，故天先成而地後定。[5]

道生虛廓、生宇宙、生氣，這一由道而至於氣的生成秩序，為氣論的重要結構。道非直接生出氣，不是直接由無而生有。道至氣中間尚有虛廓、宇宙等過程，使道先有清陽的天，再有重濁的地，然後再有氣所化生的萬物。如天在上，中有日月星辰，風霜雨雪，再下至地有山川人物。此乃由道而天而地而人的氣化圖式。

> 夫天人之生也，形因於氣，氣因於和，和因於神明，神明因於道德，道德因於自然，萬物以存。[6]

漢代氣化論思潮下《老子指歸》亦提出氣化生成過程的看法。亦不主張道直接生出氣，無直接生出有。由道而氣中間有一「逐漸凝結」的過程，即氣凝結為人後，復有由氣而和而神明而道德，最後回歸於道的境界，此則指點出由氣返道，由有復歸於無。有無相循相成，乃一完整的動態的氣化論。

> 「天地之間，其猶橐籥。」道氣在間，清微不見。含血之類，莫不仰。[7]

5　〔漢〕劉安著；許匡一譯注：《淮南子‧天文》（臺北：臺灣古籍出版社，2005年），頁118-119。

6　〔漢〕嚴遵著；王德有譯注：《老子指歸‧道生一篇》（臺北：臺灣商務印書館，2004），頁48。

7　〔漢〕張魯：《老子想爾注》（上海：上海古籍出版社，2002年《續修四庫全書》影印明正統道藏本），頁556。

道炁常上下，經營天地內外，所以不見，清微固也。[8]

《老子想爾注》明確主張道與氣一體無別，所以將天地之間，動而愈出的萬物，皆視為清為不見的道炁所生成。此較《老子指歸》將道至於氣之上的說法，更進一步將氣提高至於道同體的地位。

氣者，乃言天氣悅喜下生，地氣順喜上養；氣之法行於天下地上，陰陽相得，交而為和，與中和氣三合，共養凡物，三氣相愛相通，無復有害者。[9]
元氣乃包裹天地八方，莫不受其氣而生。[10]

《太平經》亦漢代氣化宇宙論思潮中的道教重要經典。主張天地八方萬物，皆受元氣以生，視元氣為萬化之首出者。同時宗教意味濃厚的說天地喜生養萬物，使天生地養之氣，有了人格神的意味。同時分元氣有陰、陽、中和三種，如揚雄除陰爻、陽爻外，又加上第三爻的和爻。以三分之元氣，對應日月星、父母子、君臣民的三分相對應之關係。

夫氣是生物之元也，雪為雨澤之本也。木是春陽之鄉，東為仁惠之方。[11]
元氣始萌，謂之太初，言其氣廣大，能為萬物之始本，故名太初。[12]

8　〔漢〕張魯：《老子想爾注》，頁561。
9　王明編：《太平經合校》（北京：中華書局，1960年），頁148。
10　王明編：《太平經合校》，頁78。
11　〔唐〕成玄英：《南華真經・在宥》（臺北：新文豐出版社，1985年），頁222。
12　〔唐〕成玄英：《南華真經・在宥》，頁242。

〔唐〕成玄英注《莊子》，對其氣化論有所繼承，以氣為生物之元始，經驗界的雪為雨澤之本，元氣之無可生有，固態雪可化為液態雨，木為東陽，東有仁惠，分別指出氣能生有，氣能固、液態互換，氣能充塞四方，涵具仁惠。可知元氣即可播種萬殊，元氣之化機亦不停息，萬殊之物又可順機化生不已，以見元氣之生生無限性。

> 萬物之生也，道氣生之，陰陽氣長養之。一晝一夜，一陰一陽，更相遞代，養育萬物。其大也，陰為寒，陽為暑。其細也，陽為明，陰為晦。以寒暑明晦晝夜長育萬物，各成其形。非妙道沖和之氣，無以生也。[13]

杜光庭注《老子》，是道為虛無之氣，而道與氣聯用可生萬物，道氣所生之陰陽二氣，又可更相遞代養育萬物。道氣可擴大至寒暑，細微至一日之明誨。以見道氣既有混沌無形的真形真象，又可化育經驗皆中萬物使具體成形，以見道氣是即有即無，有無渾然一體的。

道教三界說，欲界有六天，有可見的形色，有欲念，男女陰陽之氣交接生後代。泰清仙境，下皆欲界。色界有十八天，有色而無情欲，男女不交接，人民直接由氣化生出。上清境界，下通色界。無色界有四天，沒有情欲，沒有形色，氣化之形跡消亡，只有真人才能感通得到。玉清聖境，下通無色。可知道教三界說，是由形氣上達無形氣之境。

（三）自然的氣

> 天有六氣，降生五味，發為五色，徵為五聲。淫生六疾。六氣

---

13 〔唐〕杜光庭：《道德真經廣聖義》（上海：上海古籍出版社，2002年《續修四庫全書》影印明正統道藏本），頁81。

曰陰、陽、風、雨、晦、明。分為四時，序為五節。[14]

《左傳》所言陰、陽、風、雨、晦、明六氣是較早提出天地之間有氣的說法，歷代論氣的學者亦多引用。從六氣的性質及所生發的五味、五色、五吉等屬經驗世界的是物來看，六氣應是對自然界直觀的認知，儒家的道德意識，道家的自然境界，道教的修道意義尚未在自然之氣中被彰顯出來。

> 凡物之精，此則為生。下生五穀，上為列星。流於天地之間，謂之鬼神，藏於胸中，謂之聖人；是故民氣，杲乎如登於天，杳乎如入於淵，淖乎如在於海，卒乎如在於己。[15]

《管子》一書中，有儒家、道家、法家、陰陽家各種學說，現只採取氣論中有自然的部分。此段以氣為生物之精，精為氣化純粹的作用，所以氣之精可上為列星，下生五穀，此其自然之義，氣之精流行天地而無間為神，此神多指氣之自然生生。藏胸為聖，若指出其中的道德義，則為儒家之氣。唯說氣在天、淵、海一己中，則氣之自然義仍明顯。

> 精氣一上一下，圜周復雜，無所稽留，故曰天道圜。何以說地道之方也？萬物殊類殊形，皆有分職，不能相為，故曰地道方。[16]

---

14 〔晉〕杜預集解；〔唐〕孔穎達等正義；〔清〕阮元校勘：《左傳·昭公元年》（臺北：藝文印書館，2011年《十三經注疏》影印嘉慶二十年江西南昌府學刻本），頁708。

15 《管子·內業》（臺北：中華書局，1954年），頁268。

16 《呂氏春秋·圜道》（臺北：中華書局，1954年），頁160。

《呂氏春秋》為漢代氣化宇宙論盛行時的書，以為氣化天地的構成，是因氣化精純的創生作用，是一個上升一個下降，精氣往復循環不止息，所以說天道圜。精氣化生萬類殊異，如春夏秋冬，各有不同職分，不能相代，故曰地道方。萬物職分，若能相互替代，則不能顯現氣化生生的無限性。氣化論多討論到天圓地方的論題，有以蓋天說渾天說詮釋，此則如荀子，以天地有職分為說。

> 天之行也，施氣自然也，施氣則物自生，非故施氣以生物也。不動，氣不施；氣不施，物不生，與人行異。日月五星之行，皆施氣焉。[17]

王充反對董仲舒的具有人格神意味的氣化論，主張理性自然的氣化論。主張天能施氣以生物，而天即是氣。不是說天是先位，有天然後第二順位的氣再施氣以生物。亦即天的運行，即是氣的自然施，天與氣同為先在第一位，生物為第二位。若天不運行，即是氣不施行。論者有以氣與道同者，《論衡》則以氣與天同。

> 元氣皓大，則稱皓天。皓天，元氣也。皓然而已，無他物也。所以立天地者，水也。成天地者，氣也。水土之氣。升而為天。[18]

《物理論》為〔西晉〕楊泉所作，他仍處在漢代氣化宇宙論的時代氛圍內，所以主張元氣如皓天邊廣大無邊，為生化的第一位，沒有與元氣相對或在元氣之前者。但「立天地者，水也」意為天地在水之中，

---

17 〔漢〕王充著；〔明〕程榮校：《論衡・說日》（臺北：新興書局，1968年），頁128。
18 〔晉〕楊泉：《物理論》（臺北：新文豐出版社，1985年），頁17。

如此天地以水為主體。而「成天地者，氣也」又以氣為成天地的主體。在未確定天地為水所生或氣所生之前，楊泉的氣有自然界的意思，是可以知道的。

（四）儒家的氣

> 性相近也，習相遠也。[19]
> 唯上知與下愚不移。[20]

孔子未明言氣化論，唯「性相近，習相遠」一語，為宋明清論氣者所必討論的議題。因若天道與心性一本相貫，則性即天道，天道本體為絕對善，則下貫於人之心性必定也為不可改移的善。若從元氣由陰陽相生而成人我，人我會因陰陽在性中的比例，有多寡顯隱不同而在性中會有善惡多寡各人各不相同的情況，再加上後天的習染，便有性本相近，皆氣化所生，而後天習相遠的產生。「唯上智與下愚不移」指一氣陰陽相生有品類萬殊，人分上智、中人、下愚等三類，中人可因教化改善，上智與下愚則因陰陽的清濁的比例，已凝定不動，故智愚不可改。

> 我知言，我善養吾浩然之氣……其為氣也，至大至剛，以直養而害，則塞于天地之閒。其為氣也，配義與道。[21]

---

19 〔魏〕何晏集解；〔宋〕邢昺疏；〔清〕阮元校勘：《論語・陽貨》（臺北：藝文印書館，2011年《十三經注疏》影印嘉慶二十年江西南昌府學刻本），頁154。

20 〔魏〕何晏集解；〔宋〕邢昺疏；〔清〕阮元校勘：《論語・陽貨》（臺北：藝文印書館，2011年《十三經注疏》影印嘉慶二十年江西南昌府學刻本），頁154。

21 〔漢〕趙岐注；〔宋〕孫奭疏；〔清〕阮元校勘：《孟子・公孫丑上》（臺北：藝文印書館，2011年《十三經注疏》影印嘉慶二十年江西南昌府學刻本），頁53。

孟子的性善論與天道相通，故學界主要以孟子為道德本體論者。唯
《孟子》書中，亦有夜氣、平旦之氣、浩然之氣等說，可見有受到戰
國時代陰陽學說的影響，並將之賦予儒家的道德義涵。如以浩然廣大
稱氣，表示氣是普遍存在的。至大至剛與配義與道，則將義與道，藉
由養氣工夫，貫注充滿於浩然之氣中。孟子與莊子同處戰國時期，地
域又相近，自然受當時陰陽學說影響，唯孟子將氣道德化，莊子將氣
天道化，於此有別爾。

> 水火有氣而無生，草木有生而無知，禽獸有知而無義，人有
> 氣、有生、有知，亦且有義，故最為天下貴。[22]

荀子重外在的禮義制度，對宇宙的生化是由理性的，自然的角度去認
知，如「天行有常，不為堯存，不為桀亡。」故對氣亦由經驗界視角
來詮釋，並將由氣而有的萬物，分為有氣、有生、有知、有義等階
段，亦氣論由無而微而著而有的次遞秩序，不是無突然凝為有，亦非
無指導有進行生化。宋明氣論亦有將人性分為由低而中而高的次第上
升的說法。

> 春，喜氣也，故生；秋，怒氣也，故殺；夏，樂氣也，故養；
> 冬，哀氣也，故藏。四者天人同有之。[23]

董仲舒的《春秋繁露》對氣化宇宙論推動的功效很大。將原本氣化流
行，日月星辰、春夏秋冬等自然運行的秩序，賦予了儒家道德的倫理

---

22 《荀子・王制》（臺北：中華書局，1954年），頁104。
23 〔漢〕董仲舒著；曾振宇、傅永聚注：《春秋繁露新注》（臺北：臺灣商務印書館，
　2010年），頁249。

義。並使元氣流行有了人格神的意味,如天人三策中的人與天因類同數同,所以人的行為要與天的生殺意志相同,如春夏的氣是天之喜樂,供人生養;秋冬之氣是天之怒哀,供人殺藏。將儒家重仁輕刑的概念帶入氣化論中。

> 五行者,何謂也?謂金、木、水、火、土也。言行者,欲言為天行氣之義也。[24]

《白虎通》是統一漢代經學大義之書,對萬物的生化,亦採用太初氣之始,太始形之始,太素質之始,當時代《乾鑿度》氣化論的觀點。又將君臣父子的倫理,與日月星辰即陰陽五行的氣化過程與關係相比附。因五行陰陽生克不已,所以將五行的行,解釋為「天行氣」之義,於是氣有天行五行之義,及氣有五行生克的秩序義。

> 氣也者,神之盛也;魄也者,鬼之盛也;合鬼與神,教之至也。眾生必死,死必歸土:此之謂鬼。骨肉斃於下,陰為野土;其氣發揚于上,為昭明,焄蒿,淒愴,此百物之精也。[25]

《禮記》一書亦受漢代儒家氣化論的影響,以神之盛為氣,以鬼之盛為魄。在氣化由無而微而著而有的架構中,亦即在天與地中間,尚有自然界的日月風雨,尚有無形的精神作用一層,如元氣之下為神魂,再接近形質處,尚有精魄,精魄再實體化成為人身。亦可說氣化流行的作用為神、魂,神、魂的作用在人身發用是精魄。元氣、神魂、精

---

24 〔漢〕班固:《白虎通・五行》(臺北:新文豐出版社,1985年),頁83。
25 〔漢〕鄭玄注;〔唐〕孔穎達等正義;〔清〕阮元校勘:《禮記・祭義》(臺北:藝文印書館,2011年《十三經注疏》影印嘉慶二十年江西南昌府學刻本),頁813。

魄由無而微而有，最後匯聚為人身。人死歸於陰土。生時，陽氣發揚
於上，上升為更接近元氣，有血緣道德義的神氣。

二 漢唐的詮釋系統

> 木居少陽之位。春氣和煦溫柔。弱火伏其中。故木以溫柔為
> 體。曲直為性。火居大陽之位。炎熾赫烈。故火以明熱為體。
> 炎上為性。土在四時之中。處季夏之末。陽衰陰長。居位之
> 中。總於四行。積塵成實。積則有間。有間故含容。成實故能
> 持。金居少陰之位。西方成物之所。物成則凝強。少陰則清
> 冷。水以寒虛為體，潤下為性。[26]

《五行大義》認為五行要終從氣解，主張「五行同出，而異時異
居。」強謂氣化由無而有的架構，以為「萬物已始，莫不無而有。」
將實然世界的時間、空間、人物，甚至精神層面的神魂、精魄、心性
等皆納入五行之氣生克不已的系統中。如定義五行之氣內容為木火土
金水，此為氣化流行之秩序。東南中西北，是五行的方位。春夏季夏
秋冬，是時間循循的秩序。少陽太陽少陰太陰，是陰陽盛衰相循的次
序。溫柔、赫烈、積漸含容、成物、虛寒為五行之體性。五行之義由
氣解釋，此書的前後，大概皆以此義為論述的主軸。[27]

> 蓋易之三義，唯在於有，然有從無出，理則包無。故《乾鑿
> 度》云：夫有形者生於無形，則乾坤安從而生。故有太易，有

---

26 〔隋〕蕭吉：《五行大義‧辨仲性》（臺北：新文豐出版社，2004年），頁4。
27 作者有〈隋代蕭吉《《五行大義》的氣論〉一文，發表於「第九屆新子學國際學術研
討會」，發表日期：2020年10月。

太初，有太始，有太素。太易者未見氣也，太初者，氣之始也，太始者形之始也；太素者質之始也。氣形質具而未相離，謂之渾沌。是知易理，備包有無，而易象唯在於有。[28]

《周易正義》仍由兩漢氣化宇宙論說氣，又受王弼影響，將本體觀念帶入氣化論內。復再發揮《老子》「有生於無」的架構，使易之氣，由經驗層之陰陽爻之升降變化，占卜人世吉凶等，上升至道為有與無相生不已的形上層面，所以說「易理，備包有無，易象唯在於有。」統有與無，上與下為一易道，有與無能統貫，在於無乃根源之元氣，有乃氣形質具的有形之氣，有無皆氣故能通貫。由未見氣而氣之始，而形之始而質之始的漸次由無而微而著而有的過程，乃氣化論由元氣生日月星辰，再生風霜雨雪，再生山川大地，再生人物，由上而下的層遞觀念是相通的。此種從自然界由天而地的架構，發展為由元氣而神魂精魄而人生性情，統為一氣流行，備包有無的氣化論，是自然與人文精神融通並建的表現。

天地者，乾坤之象也。設位者，列陰陽配合之位也。易謂坎離。坎離者，乾坤二用。二用无爻位，周流行六虛。往來既不定，上下亦無常。幽潛淪匿，變化於中。包囊萬物，為道紀綱。[29]

易有先天八卦，以乾為南坤為北，離為東坎為西，可以推溯過往之

---

28 〔魏〕王弼注；〔唐〕孔穎達疏；盧光明、李申整理：《周易正義》（臺北：臺灣古籍出版社，2001年），頁6。

29 〔漢〕魏伯陽撰；〔五代後蜀〕彭曉注：《周易參同契分章通真義》（成都：四川人民出版社，1997年，《諸子集成補編》卷九），頁359。

事。後天八卦,以離為南坎為北,乾為西北坤為西南,可以推知未來之事。以易道行之,可知天地四方、過往未來的情事。易有乾坤,用天地法象之。乾坤乃天地之體性,此為易道之基本架構,如元氣有陰陽相生相合而生化的位置。氣化不息,乾陽中加一陰爻成離卦,坤陰中加一陽爻成坎卦。乾坤為無形原則,故曰不用,而坎離為乾坤生化有形的功用。坎離生化的功用,遍在東南西北上下的六虛中,再生成六十卦。易道流行無時間空間、幽為顯著的限制,包囊萬物,無所不生化。此種說法,亦可由一氣流行來說,因體性、架構、生化秩序與實行,皆相通無隔。「坎戊月精,離己日光」的戊與己皆為五行之土,而土包羅水木火金,亦可說氣化包羅萬有為一整全之體。

> 丹道以精水、神火、意土三者,為無上之訣。精水云何?乃先天真一之氣。神火,即光也。意土,即中宮天心也。以神火為用,意土為體,精水為基。凡人以意生身。蓋身有魄焉,魄附識而用,識依魄而生。魄陰也,識之體也。惟有魂,神之所藏。[30]

《太乙金華宗旨》為道教呂洞賓所著,主張修養行氣與減少思慮,以成丹道。此段以先天真一之氣為精水,以神火為光,以意土為五行中宮之心。五行中水陰火陽為先天本有者,水火相濟而有後天之土,水火土為丹道元素,而精水為先天真一之氣,則神火、意土,亦為真一之氣所流通,人身即真一之氣所生成。身為陰,所以身作用之魄亦屬陰,身能有識,是為魄識。魄識再上一階,可是為天道周流六虛之作用的神。可知,水火凝合於意土,而身體之精有形質層的魄識,丹道之神則有形質層之上的神識。化掉魄識,上達神識,乃煉丹行氣的目標。

---

30 《太乙金華宗旨》(成都:巴蜀書社,1994年),頁330。

若謂受氣皆有一定，則雉之為蜃，雀之為蛤……田鼠為鴽，腐
草為螢，蠅之為虎，蛇之為龍，皆不然乎！[31]

《抱朴子》為道教求仙之書。「若謂受氣皆有一定，則雉之為蜃，皆
不然乎！」一句，點出一氣陰陽相生，因五行同出，而異時異居，所
以無限多種的可能，但陰陽之氣極清暢無滯的，可為聖賢；陰陽之氣
極卓滯礙的為下愚，此種可能性，不在少數。進一步說，氣清暢者所
生者亦為氣清暢者。氣濁滯者所生亦為濁滯者，此種情形，在氣論
中，稱為「氣種有定」或「氣數前定」，然而同樣五行同出，異時異
居，出現前後變化全然相反的情形，亦所在多有。如易之初三五爻為
陽為正位，若初三五爻由陽變為陰，則為不得位者。萬物是由無而有
的下貫，要由有而無的逆反，則要超越限制逆反回道。所以在形體有
野雞變大蛤的情形，並非氣化必定只有「氣種有定」，亦包含「異類
互變」的可能。事實上，野雞不可能變成大蛤，所以如此說，只為強
化一氣流行有無限多種可能。

東方生風，風生木，木生酸，酸生肝，肝生筋，筋生心。南方
生熱，熱生火，火生苦，苦生心，心生血，血生脾。中央生
濕，濕生土，土生甘，甘生脾，脾生肉，肉生肺。西方生燥，
燥生金，金生辛，辛生肺，肺生皮毛，皮毛生腎。北方生寒，
寒生水，水生鹹，鹹生腎，腎生骨髓，髓生肝。[32]

此段話是黃帝問「寒暑燥濕風火」等六令，如何與人相應和，並如何
化生萬物？岐伯所做的回答。岐伯以方位的東南中西北，相應五行的

---

31 〔晉〕葛洪：《抱朴子・論仙》（臺北：新文豐出版社，1998年），頁5。
32 《黃帝內經集注》（杭州：浙江古籍出版社，2002年），頁470-471。

木火土金水，相應五色的蒼赤黃白黑，相對應五候的風熱濕燥寒，相對應五臟的肝心脾肺腎，相對應五體的筋脈肉毛皮骨，相對應五竅的目舌口鼻耳，相應五味的酸苦甘辛鹹，相對應五季的春夏季夏秋冬等。將屬於時間空間的五季、五位、五行、五候，與屬於人生理的五臟、五體、五竅、五味，屬於人心理的五性貌視思言聽，五志怒喜思憂恐，五神魂神意魄志等組合成氣化的時空環境，與統合生理心理的人身。而養生與生化萬物的方法，便是五行之氣，發動五位、五候、五臟、五性、五神等依陰陽五行相生相克的規律進行。其中東方之肝能生南方之辛，南方之心能生中土之脾，中土之脾又能生西方之肺，西方之肺又能生北方之腎，北方之腎又能生東方之肝，氣化之五行有相生循環的特性。

三　宋明清理學的氣論

唐代佛教、道教重視本體論，宋明理學除重建道德倫理的重要性。亦跟著重視道德的本體化的提昇。同時承秦漢隋唐以來，在儒學、道教的綿延不絕的氣論，亦漸由氣化的宇宙論領域，往氣化的本體論領域上升，也因此對宋明清理學的理氣論產生不同方向的影響。

> 天地之氣，雖聚散攻取百塗，然其為理也順而不妄。氣之為物，散入無形適得吾體；聚為有象，不失吾常。太虛不能無氣，氣不能不聚而為萬物。萬物不能不散而為太虛。[33]

張載有云：「太虛無形，氣之本體。」以無形的太虛為氣之本體，是

---

33 〔宋〕張載：〈正蒙・太和〉，《張載集》（臺北：漢京文化事業公司，1983年），頁7。

指太虛為本體？或以氣為本體？然又有云「太虛即氣」，將太虛與氣
視為等同，而太虛超越時空的本體性格，便與可見可聞的形氣為同質
同層，非太虛為形上，氣化為形下的截然二分者。從漢唐以來的氣
論，重點雖在宇宙論生化流行的論述，所以生化流行的主體，多是
「易」或「道」來做綱領，從分解說，易、道是無形本體，形器為有
形形跡。若從工夫圓融境界說，則易、道與形質泯除彼此有形上形下
的隔閡，而可以氣通貫形上形下為一。形上是氣的無形無限的層次，
無形之氣凝和為有形質之氣，氣便以可見可聞的姿態呈現。莊子云：
「通天下一氣耳」的觀念，在漢唐諸多經典中，始終相續不已。所以
到〔宋〕張載，已很成熟的將歷代常言的「天地之氣」說為氣化之理
聚散百塗，氣散入無形為吾之本體，氣聚為有象，則是吾形氣之身。
使氣同時具有本體與形質兩種形態，而相通處，同為一氣。故云「太
虛不能無氣」。

> 天地之間有理有氣，理者，形上之道，生物之本。氣者，形下
> 之器，生物之具。是以人物之生，必稟此理，然後有性，必稟
> 此氣，然後有形。[34]

朱子主張理氣二分，認為天地之間的萬事萬物，可分解的說，有形上
無限的本體之理，可做化生萬物的本源。有形下的氣，氣的生化，能
使萬物有可見可聞的形質。然形上之理，與形下之氣層次有不同，彼
此是「不雜」的。但形上之理又內在於形器之中，做為形器化的指導
原則，所以又是「不離」的。合言之，形上之理是萬物的本體，本體
之理指導形下的氣化萬端，但理本身是不變的，能變的是形下氣。可

---

34 〔宋〕朱熹：〈答黃道夫〉，《朱文公文集》卷58，收入張元濟主編：《四部叢刊初編
　　本》（臺北：臺灣商務印書館，1975年），第58冊，頁1039。

知朱子的理氣關係，是理「指導」氣化，但理本身不是氣。而張載則視氣為生化之本體，本體之氣會「凝合」成有形之氣。朱子的理先在而氣為第二義，有理而後有氣。張載雖未言理氣孰先孰後，但有氣質之性，義理之性的二分，有見聞之知與德性之知的二分，亦是順漢唐氣化論，注意到氣在上下兩端不同的情況。

> 元氣者，天地萬物之宗統。有元氣則有生，有生則道顯。故氣也者，道之體；道也者，氣之具。以道能生氣者，虛實顛越，老、莊之謬談。儒者襲其故智而不察，非昏罔則固蔽，烏足以識道！[35]

王廷相為明代理學中，明白將氣的位階提高到本體位階，既將道德規範因氣而更具體化，同時亦將氣有本體義的儒學，可與釋老的本體論，做一平衡對應。「元氣為天地萬物之宗統」直接指出萬物之本體為元氣，不再以天理概念為本體。若單從宋明看，視元氣為本體，頗為歧出。若從漢唐氣化論發展來看，漢唐氣化的宇宙論內中，實有氣為本體之義，只是隱而未顯。將道與氣視為同層者，亦不少見。所以王廷相視元氣為本體，反將道置於元氣之下為第二義者，亦為氣化論長久多元發展中，將氣提升為本體，所必然發展出的一種方向與可能。「氣，道之體。道，氣之具。」與朱子理在氣先，氣依傍著理而行。恰為相反，主張氣在道先，氣有生而後道在氣化中顯。

> 夫良知一也。以其妙用而言謂之神，以其流行而言謂之氣，以其凝聚而言謂之精，安可以形象方所求哉？真陰之精，即真陽

---

35 〔明〕王廷相：《王廷相集》（北京：中華書局，1989年），頁809。

之氣之母，真陽之氣，即真陰之精之父；陰根陽，陽根陰，亦非有二也。苟吾良知之說明，則凡若此類，皆可以不言而喻。[36]

王陽明主張良知為遍在流行徹上撒下的本體，非氣化論一路，殆無疑義，然其對良知的流行通徹遍在等說法，與氣化論之說法，頗有異曲同工之處。唯良知本體的道德意識豐沛飽滿。氣化論的道德意識，是由必然的流行生化義，轉為應然的道德義，故較陰陽的道德義，在本體上，稍退一步，較隱微。而是將道德義安放在氣化實然的規範上。而陰陽的道德義主要放在良知本體上，在規範形式上較弱。氣化本以生化妙用為神，陽明藉此形式以良知的妙用為神。氣化因凝聚而由無生有，氣化真實純粹的生化作用為精。陽明藉此模式說良知之精有真實創造道德的能力。陰陽五行之氣，彼此相生相克不已，氣化的方向、速度、清濁便有萬端不同。而良知於人倫日用的諸多面向，亦皆能處處如氣之流行般，時時處處皆能觸機相應。真陰為真陽之母，真陽為真陰之父，陰陽互為父母，孤陽不生獨陰不成，陰陽一體非為有二，此亦由氣論生化，所必有的模式。王陽明亦明言「良知之說明，凡若此類，皆不言可喻。」以良知流行，在某些形式上與氣化流行可相比喻也。

道，猶行也；氣化流行，生生不息，是故謂之道。《易》曰：「一陰一陽之謂道。」〈洪範〉：「五行：一曰水，二曰火，三曰木，四曰金，五曰土。」行亦道之通稱。舉陰陽則賅五行，陰陽各具五行也；舉五行即賅陰陽，五行各有陰陽也。《大戴禮記》曰：「分於道謂之命，形於一謂之性。」言分於陰陽五

---

36 〔明〕王守仁：《王陽明傳習錄與大學問》（臺北：黎明文化公司，1986年），頁86。

行以有人物。而人物各限於所分以成其性，陰陽五行，道之實
體也。[37]

〔清〕戴震在宋明程、朱主理本論，陸、王主心本論後，復主張回復
漢代的氣化宇宙論，以氣為道之實體來調整理學、心學的路線。於是
由先秦儒家孟、荀之氣論，與道家老、莊之氣論，再發展至漢代儒家
董仲舒、道教《老子指歸》、《老子想爾注》的氣論、王充的自然氣
論、〔東漢〕魏伯陽的《周易參同契》、〔隋〕蕭吉的《五行大義》，再
次及唐代儒家《周易正義》的氣論、唐代《道德真經廣聖義》道家的
氣論，對氣化宇宙論的多元多向的發展已趨成熟。再至宋明清時代之
氣論有轉向本體論，或融形上與形下為一氣化流行之整體方向。如王
廷相主張以氣為本體，張載有太虛即氣的主旨。如此由先秦、兩漢、
隋唐、宋明氣論由宇宙論發展至本體論。最後至清代戴震，藉著反對
朱子的理氣二分，主張一氣流形的理本論，實則又將氣論由重本體的
方向，轉而回復漢代重宇宙論的路數，同時將氣論的宇宙論及本體論
融為一整體的氣化論。以見戴震的氣論有傳承，有調整，並有開新融
攝的特色。故以道為行，而氣化生生流行便是道。進而以氣之五行生
生為道。道生生不已，氣自然亦生生不已。氣之生生無限，在氣有陰
陽相生，氣有五行亦相生不已。而陰陽中各有五行，五行中又各有陰
陽，如此生化無窮，遍在流行，氣有本體的無限義。而陰陽五行相生
而有人物，人物各限於所分以為性，則氣化之萬物又各正性命，有其
主體性，與具體形質。氣的形質為氣有形狀態，而道、性則為氣之無
形無限狀態，又謂「形而上猶曰形之前，形而下猶曰形之後。」氣未
成形為無形之氣時，為形而上。及無形之氣凝結為有形之氣時，為形

---

37 〔清〕戴震：《孟子字義疏證》卷中《戴震全書》（合肥：黃山出版社，1995年），
頁175。

而下。所以形上形下不由無形的上下貫於有形的下來分,而是由氣未成形之前,及氣凝結成形之後來分,此點出秦漢、隋唐的氣論,所以重視「凝結」之原因。蓋氣未凝結前為形上之氣,氣凝結成形,後為形下之氣。

四　日本、韓國、越南的氣論

> 蓋天地之間,一元氣而已。或為陰或為陽,兩者只管盈虛消長往來感應於兩間,未嘗少見,此即是天道之全體,自然之氣機,萬化從此而出,品彙由此而生。可知自此以上,更無道理更無去處。[38]

日本儒學有心學、理學派外,亦有主氣論者,如伊藤仁齋。仁齋以「天地之間一元氣而已」將元氣推尊至天地之最高位。他認為,同時元氣中陰陽生生之萬有,不論偏陰多或偏陽多,陰陽皆在氣化中表現出盈虛消息,往來感應的多元方向與狀態。由盈虛消息說元氣,知其天道偏重在宇宙得實然層面。而萬物萬品由無而生有的氣機,亦即此上更無出處的元氣而來,此為重實然層面的元氣論。仁齋曾舉空的盒匣中,久而會生小蟲。認為是盒匣內外,皆有陰陽生物之氣,所以匣內無物只有氣,氣能生出有形之小蟲,以此反對先有理後生氣的說法,認為有氣才有理,理只是氣中的條理。

> 宇宙間一大氣而已,唯有此氣,故生此理。氣生理也,非理制氣也。……氣生理,非氣泯理也。有氣則有理,謂理存于氣可

38　〔日本〕伊藤仁齋:《語孟字義》,收入〔日本〕吉川幸次郎、清水茂同校注:《伊藤仁齋・伊藤東涯》(東京:言波書店,1983年),頁2。

也。但理從氣而變化，若以理為主宰，欲以制氣，此其所以滯於理，而無萬理之活用也。[39]

日本的山田方谷亦有云：「宇宙一大氣而已。」主張宇宙間之氣有先在性及絕對性。有氣而後才有理，而且氣為唯一主體，不會有氣與理兩個主體，同時並存的可能。「氣生理」指以二氣五行相生之次序為理，並非先有生生之理則，再指導後起之氣化運動。亦不是有氣就不需要理，因氣化之萬品自有其獨特性，而獨特性即來自二氣五行之比例，有多少顯隱，異時而異居的不同之理則。故為成就萬化，氣化之理自不可少。「非氣泯理」之說，在反對理先氣後說的同時，仍主張理有存在之必要性。「理從氣而變化」將理生氣的視角，轉為先有氣化才有氣化之理的視角。蓋因說理生氣，會遇到氣強理弱，理滯於氣，主位被反轉的困難。若以氣為唯一絕對的生化主體，便不會有氣受限受滯的狀況，此為反對理生氣說法的一種補充。

> 夫理者，氣之主宰；氣者，理之所乘也。……理氣雖相離不得，而妙合之中，理自理，氣自氣，不相挾雜，故非一物也。非二物者何謂也？雖曰理自理、氣自氣，而渾淪無間，無先後無離合，不見其為二物，故非二物也。是故動靜無端、陰陽無始。理無始，故氣亦無始也。[40]

對理氣問題，有主張理生氣者如朱子，有主張氣生理者如王廷相。韓國大儒李栗谷則偏向朱子，反對「氣生理」，然又有調和之意。「理，

---

39 〔日本〕山田球：《孟子養氣章或問圖解》（大阪：惟明堂大阪支店據東京弘道書院藏版刊印，1902年），頁6。

40 〔韓國〕李栗谷：《栗谷全書·答成浩原》，收入於〔韓國〕裵宗鎬編：《韓國儒學資料集成（上）》，（首爾特別市：延世大學出版部，1980年），頁195。

氣之主宰。氣，理之所乘。」是依朱子說，以理為先在，氣化乃依傍
這理而流行。以氣為理所乘者，在秩序上為會起者。所以理與氣如朱
子所言，為不離不雜的關係。然未言氣為先在？或未言氣為後起？則
理先氣後之說，終有疏漏，蓋因氣之定位及來源不明之故。栗谷反對
「澹一寂然之氣」為先在，但又不反氣與理同時同處。如「理自理，
氣自氣」一為主宰，一為所乘，故不相雜為二物，而二者又「渾淪無
間，無先後無離合」所以「非二物」為一物。理與氣分解說為二物，
由圓融境界說理氣無先後離合。此種說法，立於理生氣視角，故可以
如此說，若立於以氣為本的視角，則認為氣為一整體，理即在氣之
中，本為一物。說為二物者，只能說氣為一物，氣中之理為另一物。
但此二物在本質上仍是氣，仍是一物。並非將形上形下兩間本質不同
者，在工夫消融下渾為一物，所以理本論的理氣一物由圓融工夫上
說，而氣本論的理氣一物，則是由理氣本質相同來說。栗谷雖反對氣
為先在，但在太極陰陽循環不已的觀念下，也就不將氣視為後起的第
二義，而是提高至與理一樣，無始無終的最高位階，可視為理氣是一
的說法。

> 易之為名，包含日月，是亦含氣之始。何謂未見氣乎？常怪陳
> 希夷《太極圖》、坎離相交，陰陽已著，而尊之為無形之道，
> 其說蓋本於太易矣。夫謂有形生於無形者，造化之謂也。今以
> 太易為生物之本可乎？[41]

韓國丁茶山亦有主氣之說，認為易之道，已包含日月，易亦為含氣之
始。亦即以可見可聞有形質者為氣，無形無質的不可謂氣，無形無質

---

41 〔韓國〕丁茶山：《與猶堂全書》（서울：다산학술문화재단，2012年），第9冊，頁
　　189。

者應為未生氣之前的道。此詰問來自於《易緯乾鑿度》：「太易，未見氣也。太初，始見氣也。太始，形之始也。太素，質之始也。」，指宇宙生化由未見氣，再始見氣，復始有形，有形而後有質的由無生有的過程。茶山贊同氣化由無生有的進程，但對太易之易是未見氣，持反對看法。認為易已含日月等實然可見者，易即是氣之始，反對易為未見氣者。因易為未見氣者，太初為始見氣者，如此則表示實然之氣前，尚有一在氣之先者，如形上之道等概念，而無生有便成為無形之道生出有形之氣，如朱子，佛老之說。茶山主張易即為氣之始，是認為最高的根本即是氣，氣之上再無更高的存有，如朱子之理。可知其反對「理生氣」，主張無形之氣生有形之氣的「氣生氣」模式。

> 盈天地之間皆氣也。理者，言其實有而非無耳。理無形跡，因氣而見。理即在氣之中。陰陽奇偶，知行體用。可以對言，而理氣不可以對言也。[42]

越南黎貴惇亦有主氣的思想。以為「盈天地之間皆氣」此概念從《莊子》開始傳播至中國的儒家、道家，直至明清皆不曾斷絕，再擴及日本、韓國、越南主張此說者，亦所在多有，足見氣論傳播之久之廣。貴惇主氣故認為氣遍在天地間，為最高且具體的實有。而理無形跡因氣而有，所以認為理氣關係，是氣中有理，理在氣中者，理因氣而有，氣為天地間之實有者，則理自然也是天地間之實有者，不是天地上，形而上的理。另指陰陽奇偶，知行體用，乃形氣中為相對有限者，故可以相對論之。而「理氣不可對言」乃指理氣非不同之二者，氣中有理，無氣則無理。沒有氣之外另有別的，或形上的理存在的可

---

42 〔越南〕黎貴惇：《芸臺類語》（臺北：國立臺灣大學出版中心，2012年），頁13。

能。故曰「理氣不可對言」。[43]

　　以上所論為筆者所著《元氣之外無太極》一書，以宋明清理學中的氣論為範疇。再次及《「備包有無，本在於有」的氣論》一書，以漢唐儒家的氣論為討論範圍。復加上《天地間只一氣流行》此書，以老莊、道教、日本、韓國、越南為討論範圍的內容，成此一小文。因對氣論的研究，尚在探索，加之才疏學淺，行政繁冗，論述多有粗淺不當之處，尚祈方家不吝指正。

---

[43] 作者有〈越南黎貴惇《芸臺類語》的氣論〉一文，發表於「第十屆新子學國際學術研討會」，發表日期：2023年8月。

壹　《老子指歸》、《老子道德經河上公章句》、《老子想爾注》的氣論

一　前言

　　研究漢代《老子指歸》、《老子道德經河上公章句》、《老子想爾注》三家（以下簡稱《指歸》、《河上公》、《想爾注》）注老子者，多由漢代流行的氣化宇宙角度詮釋，成果豐碩。本文則立基氣本論，觀察《指歸》、《河上公》至《想爾注》蘊含有由道本氣化論往氣本氣化論發展的趨勢或可能性，故試圖提出此一隱微的理路。道的永恆性、普遍性雖不可言說，但可藉氣化流行的殊形萬類中抽繹出萬物的形上的絕對性、一致性為道。但道有超越性即與氣化萬物在體質上有異質異層的斷裂。道只能是形上孤懸的生理。萬物依此道為本體為理則，而生化萬端。但道本身不是物，須藉氣的「化」來連接道與物。然二者形上、形下有別之本質，仍難掩蓋。故氣本論者保留氣化的體質義，又將遍在虛空的氣等同道的普遍性、永恆性。且此時等同於道的元氣周流遍在為萬物生生之理則，也為殊形萬類的體質義的精微初始處。再透過元氣用二氣五行相生，或道生一，一生二，二生三的模式，展開貫穿古今橫跨有形無形兩間的真實世界。如此道（即元氣）的永恆普遍性即是形上普遍之理，也是形氣世界所以具體且生化不已的根源。避開了道的超越性淪為虛空的可能性。且「道」的無限性須

藉生生作用的「一」表現。一再生二，二再生三，表示無限性仍須藉
一可依循之理則，與可實現的體質來具體呈現，所以氣本論者即直觀
的以「元氣」為可依循之理，與可凝結成殊形萬類的二氣五行直接涵
蘊於同質同層的「元氣」中，則氣（或曰道）的本體義、流行義與體
質義皆可一貫下來成一氣化整體而無斷裂。本文即由道本氣化及氣本
氣化兩路對此三家作一觀察。

二 《老子指歸》的氣論

（一）以道為本

> 天人之生，形因於氣，氣因於和，和因於神明，神明因於道德，
> 道德因於自然，萬物以存。有生於無，實生於虛，無無無之無，
> 始末始之始，萬物所由，性命所以，無有所名者謂之道。[1]

　　《老子》宇宙論的序列是「道生一，一生二，二生三，三生萬
物」，《指歸》則說「道虛之虛，故能生一」[2]，生出的一是虛，虛會
生二，二是無之無者，三是無，第四是有形萬物。在生成的第一個階
段，《老子》稱作「一」，《指歸》將他稱作「一」，或者「德」。《指
歸》說，「一，道之子，神明之母，太和之宗，天地之祖，一，其名
也；德，其號也；無依其舍也；無為，其事也。」[3]，道之子是德，
德在神明之前，神明又在太和之前，太和又在天地之前，所以「一」
是僅次於道的萬物宗祖。

1　〔漢〕嚴遵：《老子指歸》（北京：中華書局，1994年），頁17。
2　〔漢〕嚴遵：〈道生一篇〉，《老子指歸》，頁18。
3　〔漢〕嚴遵：〈得一篇〉，《老子指歸》，頁9。

　　在《指歸》中，「一」有時也稱「虛」，因是「懷壤空虛，包裹未有」的虛無之體，無限的作用義強，具體的體質義不強，因它是無形的作用義，所以有無限性，有各種可能性，所以「一」是「開導稟受」，是最先的開始，所以是「太初首者」，是有中之虛。

　　「太初」是宇宙演化過程中氣始形成的時期，太初只是一，是氣之始，氣不是本體，道是本體。道在己身叫「德」。道是無限遍在，沒有形狀，道是萬物之間抽繹出來的形上的絕對性或一致性，在身上稱「一」，有限的人身，有無限創造和天地相通的一致性即德。「有物混沌，恍惚居起。陽而無表，陰而無裏。既無上下，又無左右。萬物之虛，為太初首者，故謂之一。」[4]，「陽而無表」指陽上升及陰下沉的性質，陰陽上升下沉有作用義。作用義會凝成具體質義的陽氣和陰氣，「既無上下，又無左右。」指形上形下皆有此作用。「為太初首者，故謂之一。」

　　道是本體，氣是道所生的一，是道本氣化。一從狀態講混沌、恍惚、無形、無名，非輕非重、非陰非陽、無上無下、無左無右。氣為一的原始狀態，於是道是無形無狀，無所不在的，氣也是無形無狀，無所不在的。道可當本體，體性上氣也可當本體，只是位階低一層。

　　《指歸》把道當本體，和本體幾乎一致性質的氣為甚麼不是本體？還有氣從哪裡來？道是殊形萬類的氣中形上的超越的絕對的一致性。所以道不可離開氣，王廷相云：「元氣之外無太極，陰陽之外無氣。以元氣之上，不可以意象求，故曰太極。以天地萬物未形，渾淪充虛，不可以名義別，故曰元氣。」[5]即指元氣是本體，道和理是本體生化的次序。以氣為本者覺得道不能生氣，只有氣才能生氣。《老子》說道生一，《指歸》註解《老子》，還把道當本體。可是接下來一

4　〔漢〕嚴遵：〈道生一篇〉，《老子指歸》，頁18。
5　〔明〕王廷相：《王廷相集》（北京：中華書局，1989年），頁597。

二三老子沒有解釋，只好將一二三用氣化來解釋。《指歸》用很多道的無限性來表述「一」，但「一」內涵有陰陽的作用義及體質義，氣比道多了具體的素質或者材料。

> 天地之外，毫釐之內，稟氣不同，殊形異類，皆得一之一以生，盡得一之化以成。故一者，萬物之所導而變化之至要也，萬方之準繩而局變之權量也。[6]

不論有形或無形的世界。稟氣不同，殊形異類是「一」造成的。「一」不但是氣之始，也使氣透過作用義和體質義的交叉互滲產生出無窮多的不同形類。

道是「稟氣不同，異形殊類」的形氣之上，一個崇高無限的虛無性質，道並不能具體生氣，只好把它的生生義放在「一」之中，然後說「一」或氣中間具有體質義、作用義、生生義，「一」對萬物的生成作用就有具體化的發展。漢代流行氣化與感應之因；體質義使上下兩間彼此相通一貫成一整體。體質義非限制道成有限之德的限制義，或承載具體化道的生生作用的工具而已。

氣的體質義化為殊形萬類，看似形物具體而有限化，各自獨立而缺乏一致性。但通過氣類相感，除了形上的一致性為「道」外，形物彼此透過同質的氣質相感相通，補充或完整有限形物間，彼此非各自獨立無關聯性的斷裂。而是使有限各形物間，除了可以氣作本體的形上一致性，也使形物的體質間有共通性。如此各物在形上層有一致性，在形下層也有一致性。形上形下皆以氣為本，而有形上同性與形下同性的上下交融互通不分彼此的整體性，此為王廷相反對道本氣化

---

6 〔漢〕嚴遵：〈得一篇〉，《老子指歸》，頁9。

所生的上下體質層次不通的意思之一。且形氣間的感通互滲，感應相生更使有限世間，有其如道之無限的流通性、化生性，實現本體之無限為實，而非虛的無限。

　　道沒有生萬物的作用，「一」才有生萬物的作用。由氣化來看，「一」可以決定萬物的千變萬化，「一」的作用義、體質義互相激盪又無限遍在，是有形無形世界，稟氣不同，殊形異類有生化的開端。

　　生化的開端應是道，但道是形上的沒法生出形下的形物。只好把形上的道，降一位階變成「一」，既可以上通形上的道，也可生化形下的氣。

　　「一」既上貫形上的道，可為萬物之本始，也下通有形世界中的生生義和體質義互相激盪，普遍流行，再加上漢代的陰陽五行相生相剋的推衍，生出無窮多具體的萬物，萬物中間各自的體性即「一」。天之所以為天，是因天中有「一」，地之所以為地，是因地中有「一」。

（二）「一」的體性，位階

　　　　一者，道之子，神明之母，太和之宗，天地之祖。於神為無，於道為有，於神為大，於道為小。故其為物也，虛而實，無而有，圓而不規，方而不矩，繩繩忽忽，無端無緒，不浮不沉，不行不止，為於不為，施於不與，合囊變化，負包分理。無無之無，始始之始，無外無內，混混沌沌，芒芒汎汎，可左可右，虛無為常，清靜為主，通達萬天，流行億野。萬物以然，無有形兆，窅然獨存，玄妙獨處。周密無間，平易不改，混冥皓天，無所不有。陶冶神明，不與之同，造化天地，不與之處。稟而不損，收而不聚，不曲不直，不先不後。高大無極，深微不測，上下不可隱議，旁流不可揆度。潢爾舒與，皓然銲

生，銲生而不與之變化，變化而不與之俱生。不生也而物自生，不為也而物自成。[7]

道家的道沒有內容，它的無限性、永恆性、創發性、各種可能性、流動性，不能言說，只好透過一個比道更下位的「一」，顯示它有創造義、作用義、體質義、流動性、普遍性。因道本身並不能生氣，所以用「一」做為道和物中間的媒介。以道為本者，強調「一」的「生生義」。但以氣為本者，則質疑道與物間有相通性否？

如董仲舒「天地之氣，合而為一，分為陰陽，判為四時，引為五行。」[8]「陰陽雖異，而所資一氣。陽用是，此則氣為陽；陰用事，此則氣為陰。」[9]即以一為元氣本體，既有人格神的意味也有本體的意味，王充的元氣，是自然氣本論，說氣是屬於物質性的自然，而不是道家形上絕對超越的道的自然「夫天覆於上，地偃於下，下氣蒸上，上氣降下，萬物自生其中。」[10]「一天一地，並生萬物，萬物之生，俱得一氣。」[11]萬物的化生，一脈主張道生氣，主張「一」是使氣依著道的理序，或是被道的生成鼓盪而有氣化流行。另一脈「道即氣」者認為，在道和物中間不需要貫通形上形下，有形無形之間的「一」。直接把「一」當元氣看，元氣既有本體義，中間也包括了創生義、體質義、流行義。重點是道與物是同質同層，非異質異層的，如此上下貫通有一致性，而非體質二分的。

---

7 〔漢〕嚴遵：〈得一篇〉，《老子指歸》，頁9。

8 〔清〕蘇興：《春秋繁露義證·卷十五·五行相生》（北京：中華書局，2002年8月），頁73。

9 〔宋〕章樵注：《古文苑·卷十一·雨雹對》（臺北：鼎文書局，1073年1月），頁305。

10 黃暉：《論衡校釋·自然篇》（北京：中華書局，1990年2月），頁782-783。

11 黃暉：《論衡校釋·齊世篇》（北京：中華書局，1990年2月），頁803-804。

　　《指歸》說「一」:「不生也而物自生,不為也而物自成。」後來魏晉的「自爾獨化」,以為不是因有道,才生出「一」或才生出萬物,萬物本身就有本體在。由自爾獨化打破因果關係回看「不生而物自生」。指氣化或「一」本即自存,非由更高階者而來。否則的話,萬物中的道是形上之理,和形下的濁穢之氣不同層次、體質,氣本者以為這會產生斷裂。

　　但道本者以道和「一」的體性雖一脈相承,道和「一」還要區別,是讓從虛到無到有嚴密的生生作用過程的說明。如《淮南子》:「天墜未形,馮馮翼翼,洞洞灟灟,故曰太始。太始生虛霩,虛霩生宇宙,宇宙生氣。氣有涯垠,清陽者薄靡而為天,重濁者凝滯而為地。」[12]將太始、虛霩、宇宙、元氣由無而有過程詳細分別出來,而元氣位階排在甚後面。《指歸》也說得很細密,還是避免不了萬物是實有的,最初的道則是不具體的,怎麼生出具體的氣來?鴻溝還是在道和「一」,說彼此體性一樣,一脈相承,但道和「一」位階不一樣,道是本體,「一」不是本體。「一」是道遍在於每個人身上的主體,從個人身上的主體的「一」,昇華出來的絕對性則是道,道和「一」還是有位階的距離。另如《老子》:「道可道非常道,名可名非常名。」直接說道不能言說,道只能靠實踐上的體會。從實踐上來感受萬事萬物的一致性,才是道。道是在形氣流行與言行實踐中體悟而得。若強調此本體的超越性便以道為本,若強調此本體上下貫通的一致性,便有以氣為本的思路出現。如朱子是理氣二分「天地之間有理有氣。理者,形而上之道,生物之本,氣者,形而下之器,生物之具。是以人物之生,必稟此理,然後有性。必稟此氣,然後有形。雖

---

12 〔漢〕劉安:《淮南子・天文》(臺北:臺灣商務印書館,1979年,四部叢刊正編子部據上海涵芬樓景印劉泖生影寫北宋本),頁18。

不外乎一身，然其道器之間，不可亂也。」[13]王廷相是氣本論，反對朱子的理氣二分。朱子的理氣二分是主張理生氣，王廷相就認為朱子的理生氣，近似《老子》的道生萬物，是道氣二分，如王廷相即云：「老莊謂道生天地，宋儒謂天地之先只有此理，此乃改易面目立論耳，與老莊之旨何殊？愚謂天地未生，只有元氣，元氣具，則造化人物之道理即此而在。」[14]朱子的後學，羅欽順亦認為是理氣是一，如羅欽順云：「蓋通天地、亙古今，無非一氣而已。氣本一也，而一動一靜，一往一來，一闔一闢，一升一降，循環無已。積微而著，由著復微，為四時之溫涼寒暑，為萬物之生長收藏，為斯民之日用彝倫，為人事之成敗得失。千條萬緒，紛紜膠輵而卒不可亂，有莫知其所以然而然，是即所謂理也。」[15]氣是本體，理是氣化中的理序，因此理不能生氣。朱子在邏輯次序上是理生氣，但從實然上來講理氣是沒有辦法分先後的。如蔡仁厚先生云：「理，無論理解為『只存有不活動』或『即存有即活動』，皆可以說『理生氣』。所謂『理生氣』，並不是理中生出氣來。只是說，依傍此理，氣始有合度之生化。」[16]邏輯上是理先氣後，但實然上難分理先氣後，從後代理學的概念回看道和一的關係，或許隱涵著產生氣本論，或者解釋道生一的另外一種可能的初緣。

　　「物自生」指萬物即有道在中間，但假使這個道是形上之道，身體的本體和的形氣是不同層次不同素質的。假使這個物自生的本體是氣，那生命中的本體，它既是具有形上本體相通的一致性，萬物之間

13　〔宋〕朱熹：《朱文公文集，卷五十八，答黃道夫》四部叢刊初編五十八冊，頁1039。

14　〔明〕王廷相撰：《王廷相集》（北京：中華書局，1989年9月），頁597。

15　〔明〕羅欽順撰；閻韜譯註：《困知記・卷上》（成都：巴蜀書社，2000年），頁65。

16　蔡仁厚：《宋明理學・南宋篇》（臺北：學生書局，1993年9月），頁214。

體質義也是一致的，都是氣，如此一致性不是異質的超越，而是同質中的貫通性。但《指歸》雖說「物自生」，但非本體的自生，而是次一階的「一」使物自生。但若以氣本說，則「一」即氣即道，「物自生」即氣自生，沒有異層異質的問題。

> 道有深微，德有厚薄，神有清濁，和有高下。[17]

道和氣的不同，道沒有體質義、素材義，氣有體質義、素材義，但氣本論要把氣提高到本體的位階，體質義就必須被取消，氣本體中間是不可以有體質義，才能當形上超越的本體，這也是氣本論碰到的困境。

若由先天之氣和後天之氣來說明，云「道有深微」，沒有體質義的先天受內在陰陽互動漸緩而凝滯的作用，漸形成有體質義的後天之氣。後天之氣的體質明顯，但也內含生生作用，而可上通於無形之氣。故云「德有厚薄」。

（三）以氣為化

> 一以虛，故能生二。二物並興，妙妙纖維，生生存存。因物變化，滑淖無形。包裹天地，莫觀其元；不可逐以聲，不可逃以形，謂之神明。[18]

神明是生成的第二階段，即二，《指歸》稱「無之無者」。氣有創生義、體質義。「神明」是氣的次序理則義，又有生生神妙不測的意思。一是氣之始，讓生成義、體質義、流行義、變化義能夠成為一種

---

17 〔漢〕嚴遵：〈上德不德篇〉，《老子指歸》，頁3。

18 〔漢〕嚴遵：〈道生一篇〉，《老子指歸》，頁18。

真實的完整的作用，讓每個殊形萬類，都能長成殊型萬類不同的樣子。而完整性、殊異性之中又有生生不已性，不管是以道為本體還是以氣為本體，都有生生不已的神用即是神明；道本者之神明，重在生生有無限可能義，氣本者之神明，重在各各形氣的完整義。《指歸》之神明，以道為本，但已帶有氣化具完整性之味道。

> 二以無之無，故能生三。一清一濁，與和俱行，天人所始，未有行朕圻堮，根繁於一，受命於神者。三以無，故能生萬物。清濁以分，高卑以陳，陰陽始別，和氣流行，三光運，群類生。[19]

「太和」稱作「無」，相對於萬物的有形，太和尚未有形體。太和是神明生生不測作用的完成，雖然沒有形質，可是一、神明的性質已具有。神明是發展各種可能性，太和是創造成各種形體的理論模型已經內蘊在氣化中。且從氣化來說的種種理論模型的體質都可以相通，即陰陽化生之萬物，成形前之各種體性、樣態、位階，皆已具備並有關聯性。

不論是從氣本、道本來講，太和都指氣，太和是三，三是陰氣和陽氣再加上和。現實萬物的各種樣態性質體貌的可能性，在太和之中都已經完成了，只是缺乏具像化而已。

陽氣在上，和氣在中，陰氣在下三者交互作用，完成萬物具像化的過程。清氣是不只是陽氣，是陽氣盛陰氣衰。濁氣不只是陰氣，是陰氣重陽氣衰，和氣是清濁和合而成的和諧之氣。清氣上浮為天，濁氣下降為地，作用義體質義流行義相滲相融形成萬物。

---

19 〔漢〕嚴遵：〈道生一篇〉，《老子指歸》，頁18。

　　此即藉著氣把無形的道在現實層面展開的最後過程。清濁和三氣形成後，天地開始有寒暑晝夜，寒暑晝夜再進一步的交合，具化成有形世界。於是生生義、體質義流行於氣化中，交互作用形成形物的多樣性，亦彰顯了道與氣交互作用的結果是具體而遍在的。《指歸》由道本說太和，道為陰陽和三氣互通流行的超越本體。太和仍屬無形虛說。若由氣本說太和，一氣化為陰陽和三種樣態，三氣交感融通，生生義漸化為體質義，能動的體質義雖仍無形，體質義一強過生生義，形物即具體化，如：「陽氣之所居，木可卷而草可結；陽氣之所去，氣可以凝而冰可折也，故神明、陽氣，生物之根。」[20]指氣的生生作用義慢慢漸緩而氣的體質義慢慢凝固而明顯，生生義的流動性弱到極點，體質義凝固不動，便是摧折。

> 人物秉假，受有多少，性有精粗，命有長短，……故有道人，
> 有德人，有仁人，有義人，有禮人。[21]
> 氣化分離，縱橫上下，剖而為二，判而為五。或為白黑，或為
> 水火，或為酸鹹，或為微羽，人物同類，或為牝牡。凡此數者，
> 親為兄弟，殊形別鄉，利害相背，萬物不同，不可勝道。[22]

稟氣不同是體質義和作用義的比例多寡不同所造成的，有形世界受到無形之氣中的體質、作用強弱不同，流行的通暢與否等不同，於是「人物秉假，受有多少」，陰陽相合有各種可能性的變化，而這各種可能性的變化，落實在人身有形之氣上，使每個人的氣稟不同，既有限又殊異。於是道人，德人和氣最多，小人和氣較少。漢代氣化論如

---

20 〔漢〕嚴遵：〈生也柔弱篇〉，《老子指歸》，頁110。
21 〔漢〕嚴遵：〈上德不德篇〉，《老子指歸》，頁3。
22 〔漢〕嚴遵：〈不出戶篇〉，《老子指歸》，頁32。

董仲舒、揚雄皆主氣性分三品，各各不同。而不是說人天生性善，是從清濁和三種人中間，體會彼此皆以氣質為共同基礎，其中的生生不已中有必然如此的理則，即是具有人文意義的道。在萬物中間人最貴，人之所以最貴，因人在氣化流行中，前述各條件最完整，且因氣化不已，故人亦能不已地自覺實踐此太和之道。

（四）氣化一體

> 天圓地方，人縱獸橫，草木種根，魚沉鳥翔，物以族別，類以群分，尊卑定矣，而吉凶生焉。由此觀之，天地人物，皆同元始，共一宗祖。六合之內，宇宙之表，連屬一體。[23]

太和之氣生萬物，既內在於萬物，構成萬物生長發育的基本材料。因為氣有流通性又有滲透性，所以氣化的萬物之間彼此連通。「連屬一體」各式各樣的物體因氣而互相連通，無形之氣的生生義、作用義、體質義還有各種可能性、變化義、無限性、普遍性，都存在且互動相融，構成整體氣化宇宙。漢代提出陰陽相生或者五行相生理論，正輔助這幾種條件互相融合共構，融構最好的是和氣。但是一落入有形，這麼多的條件不可能全部都比例融洽，會各個不同形物之陰陽清濁互有偏勝。為了避免現實世界產生支離破散的情況，強調殊形萬類之中，各個不同的氣物，有的體質義強，有的作用義強，有的普遍性強，但是彼此還是有道與氣上的關聯性貫通性，確保無形的世界是同於道本體的無形之氣。有形的世界雖然殊形萬類，但以氣為本質全都一樣，證明這貫通上下的本質才是萬物根源的本體義。所以為了讓氣由道的位階，發展出一、神明、太和到有形萬類時不能越來越散，還要把散出去的萬物，重新統合起來成一氣化的宇宙，是漢代天人感應

---

23 〔漢〕嚴遵：〈不出戶篇〉，《老子指歸》，頁32。

或天人相應說的一種基本模式。如此是由氣本說，但《指歸》的「氣化連屬」仍以道為本非以氣為本，氣仍只存在宇宙生成的層次。連屬一體只是形下層的連屬，非形上下的連屬。

> 無形無聲而使物自然者，道與神也；有形有聲而使物自然者，
> 地與天也。神道蕩蕩而化，天地默默而告；蕩而無所不化，默
> 而無所不告；神氣相傳，感動相報。[24]

「神氣相傳，感動相報」是形氣之間互動感通，構成氣化世界體質是氣，由這個連屬性建構宇宙，宇宙的整體性在無窮多的有限形氣中的形上本體義，若稱此一本體義為道，是強調本體是絕對唯一的。若稱氣則是強調本體是實然的流行的。另外亦可說，萬物跟道比起來不是形下有限的，萬物是把道、一、二、三做最完整又具體呈現的世界。「道德神明，常生不死；清濁太和，變化無窮。天地之道，存而難亡；陰陽之事，動而難終。」[25]無窮多的有限形氣中，陰陽相反而有的各種生生義、體質義、作用義、流通義、滲透義相生相感，只是比例多寡不同而已，如此說具無限內涵與可能的陰陽之道在氣中，氣才具貫通上下的條件。

　　另外的意義是，道在氣中不是形上的道在形下的氣中，如此仍是上下異質的二本，與氣化一本說，氣化萬物最高的一體連通性和超越性，本在萬物的氣化之中，《老子》「道生一、一生二，二生三」的次序，連結道和物的目的亦可達成。故說「陰陽之事，動而難終」但《指歸》是以道為本，則道在氣中，便是形上的道鼓動作用形下的氣化流行，由無漸有而逐漸形成宇宙的道氣二分說。

24　〔漢〕嚴遵：〈言甚易知篇〉，《老子指歸》，頁94。
25　〔漢〕嚴遵：〈名身孰親篇〉，《老子指歸》，頁23。

> 天之性得一之清，而天之所為非清也。無心無意，無為無事，
> 以順其性；玄玄默默，無容無式，以保其命。是以陰陽自起，
> 變化自正。[26]

若天有心有為，陰陽不能相生不已，則為清得濁，此非「得一」。若
「一」是形上的「陰陽自起」，成道本氣化。另外「一」假使從氣本
來講，形氣萬類有陰陽自起的創造性，但發展不同變化各異，都是氣
的各種可能的表現，則代表氣有無限性，有了生化根源的位階。或者
從氣本來講，保住了氣的本體的無限性，從道本氣化來講也保住了道
的無限性和本體義。如此由陰陽說「一」對道本氣化或氣本氣化都是
可以成立的解釋。因《指歸》主張道本氣化，故只可說其氣化論有發
展成氣本論的可能性。後代「道生氣」、「道即氣」二路仍並存，主要
在以道或氣為本體的思路不同。而早在漢代三家注老即已見出對氣位
階高低在思考調整中。

三 《老子道德經河上公章句》氣論

（一）由道生氣

漢代老子注將道當本體看，由本體生氣，這由虛到實，或由無到
有的過程，是模糊不清的。譬如說王弼：「萬物萬形，其歸一也，何
由致一，由於無也。由無乃一，一可謂無，已謂之一，豈得無言
乎。」[27]跳開道生氣的思路，不把一當氣來看，把一當德，是生成的

---

26 〔漢〕嚴遵：〈得一篇〉，《老子指歸》，頁10。
27 〔魏〕王弼注；樓宇烈校釋：《老子道德經注校釋》（北京：中華書局，2010年），
頁195。

作用，郭象亦云：「無既無矣，則不能生有，有之未生，又不能為生。」[28]無即是無形本體，則與具體之有不同，如何生出陰陽二氣？陰陽二氣是無形之氣，無形之氣又從哪來？無形之氣本身應該有一本體，或無形之氣即是本體？無形之氣又可以凝結成有形之氣，當以道為本體，陰陽二氣相生是道的內容，是有普遍性的，於是可以說這二氣是道，但這只解釋了陰陽二氣的本體性是道，陰陽二氣從哪裡來？還是沒有說得清楚。

　　《河上公》亦主張氣化宇宙論，但氣化宇宙應該有一個普遍共通的本質，作為本體之道。若道只是形上之本體，不能解決氣從哪裡來的問題。形上之本體若是氣，則可以說有形無形間，有可以無形也可以有形的氣來貫通。如此氣以無形的體位說是本體，氣的生用與體質義互動，即清濁相生而漸凝為形體，上下體性連屬一貫，這是以氣為本的說法。但《河上公》並沒有把道當成氣，道生一仍以道為體，氣為體質聚形變化的用。但已直接將「一」視為精氣，如「一者，道始所生太和之精氣。」[29]較《指歸》提高氣的位階。

　　　　道始所生者一也。一生陰與陽也。陰陽生和、清、濁三氣，分
　　　　為天、地、人也。天地人共生萬物也，天施地化，人長養之，
　　　　萬物無不負陰而向陽，迴心而就日。萬物中皆有元氣，得以和
　　　　柔，若胸中有藏，骨中有髓，草木中有空虛與氣通，故得久生
　　　　也。[30]

28　〔晉〕郭象注；〔唐〕成玄英疏：《南華真經注疏》（北京：中華書局，1998年7月），
　　頁26。

29　《老子道德經河上公章句‧能為篇》（北京：中華書局，1993年8月），頁34。

30　《老子道德經河上公章句‧道化篇》，頁168-169。

「一者道始所生之精氣」，一再生出陰與陽二氣，陰與陽再生出和清濁三氣，和清濁三氣生天地人。天地人共同化育萬物。《河上公》仍把道當最高本體，把「一」當成氣，「一」是道之子，也是太和之精氣，提高了氣的位階。

從道本論講，「一」是道生化無限的作用，但是從氣化宇宙論講，道生一，「一」已經是氣，不只是生化萬物的作用，也有體質義，陰陽相生義及所推衍出來的各種可能性，亦即「太和之精氣」。

「一」是精氣，可說是由道到物、無形之道到具體之物的轉換者，既具有道的性質，也具有物的性質，才能說道生一、一生陰陽。既具有陽的生化作用義，也具有陰的凝結成形的氣質義，但作用義和體質義不能分開有其整體義。這整體義承接無限道的內容，所以「一」必須有化生成萬物全體的所有作用、條件與可能性。這整體創生性可能性還屬於無法言說的形上層次時，必須問這整體創生性如何在現實上成就其整體性？因「一」中間有陰和陽，互相激盪生成的作用與素質，故產生萬事萬物。由道本說「一」，氣在「一」時出現。由氣化上下有貫通性說本體，氣在道時即應出現，《河上公》尚未如此說。

陰陽又生和清濁三氣，淮南子說「煩氣為蟲，精氣為人」[31]，氣生成、生化作用義非常流暢的稱精氣，氣的生化作用比較緩慢重濁的，稱煩氣。雖然陽氣是生化義，但生化義中有體質義，即陰中有陽，陽中有陰，而陰陽相生，作用義與體質義恰當如理的表現為「和氣」，否則便為煩氣。

　　道唯恍忽，其中有一，經營生化，因氣立質。唯道窈冥無形，

---

31 〔漢〕劉安編；〔漢〕高誘注：《淮南子》（上海：上海古籍出版社，1991年4月），頁68。

　　其中有精實，神明相薄，陰陽交會也。言道精氣神妙甚真，非
　　有飾也。道匿功藏名，其信在中也。自古至今，道常在不去。
　　言道稟與，萬物始生，從道受氣。吾何以知萬物從道受氣。以
　　今萬物皆得道之精氣而生，動作起居，非道不然。[32]

　　「一」是道生之精氣，道本論說道生氣，指形上道的生生作用引發形
下陰陽二氣的相生而有各種存在上的變化。從氣本論來講，氣化流行
的殊形萬類的體質是氣，本體亦是氣。由此可說「一」本即是道之作
用。但《河上公》說「一」是次位的氣，以強化道之生用在存在上的
體質義。老子從亂世中體會出無為的修養，從無為修養提出無的本體
觀，修養上的無，不能生出氣。在氣化流行之中，抽繹出超越性和形
上性當本體是道本論。但此道本體仍植基於氣化宇宙而說本體，道與
氣化宇宙在上下兩間中有主從關係，而無體性的連貫性。但從氣化論
講，「一」是氣的開始，氣的一貫性，殊形萬類皆從此一貫性而
有，此氣化實然世界之一貫性能通貫上下而遍在即是本體。只是重此
氣化宇宙的超越性稱道為本。重此氣化宇宙的存在稱為氣本。如「天
食人以五氣，從鼻入藏於心。五氣輕微，為精神聰明、音聲五性。其
鬼曰魂，魂者雄也，主出入於人鼻，與天通，故鼻為玄也。地食人以
五味，從口入藏於胃。五味濁辱，為形骸骨肉血脈六情。其鬼曰魄，
魄者雌也，主出入於人口，與地通，故口為牝也。言鼻口之門，是乃
通天地之元氣所從往來也。」[33]《河上公》把很多講道的形容詞和講
氣的形容詞互通，道與氣難分彼此，但為讓氣化「一」能承繼或展現
本體的無限性，且因本體的內容不能具體的說，就把「一」或「氣」
具體化的說是「太和之精氣」，將本體的超越性與氣化的實然性統為

32　《老子道德經河上公章句・虛心篇》，頁86。
33　《老子道德經河上公章句・成象篇》，頁21。

一體，以方便成就形上形下間的連接問題。東漢時元氣說很盛，《河上公》亦云：「萬物中皆有元氣，故得以生」、「萬物皆得道之精氣以生」不論說元氣、精氣皆有推高氣之位階的趨向。

「一」是元氣，元氣指有形之氣的初始，還是指無形之氣的初始？指無形之氣的初始本體義較強，指有形之氣的初始體質義較強。《指歸》對無至有過程作嚴密說明，但氣在何時出現即不明確。《河上公》直言一即氣，將氣位階上提至僅次於道。道生一以後，一布氣即生成萬物，道在人身上即德，道生一，一即德。

> 德，一也。一主布氣而畜養之。一為萬物設形像也。一為萬物作寒暑之勢以成之。[34]

本體的道在為「萬物設形像，作寒暑之勢」時被描述或被感受到，即是「一」，「一」貫通道和物，由「一」開始有氣化流行，「一」既在流行之中，也在萬物中使萬物繼續發展氣化創造性，成就萬物即「一主布氣而畜養之」。

「一生陰與陽」是二，太和之氣在運動變化過程中，散為陰陽兩氣，使道的內涵中，有創生的作用，陰陽的氣化便是落入有形。從氣本講，無形之氣透過體質義漸強，可以凝結成有形之氣，但從道本講，本體的道沒法凝結成有形之氣，只是引發氣化的作用與理則次序。《河上公》直指一即氣，可避開如《指歸》般將不能言說的無至有的步步過程，強加說明。所以道固是本體，但流行遍在具體之形氣的最高體性的一，從實然氣化的角度，直接由道而來，也是使上下無隔的方便說法。

---

34 《老子道德經河上公章句‧養德篇》，頁196。

　　從氣本講一氣生出陰陽二氣，陰陽二氣再具體化成清濁之氣，中間仍然有能生出清濁之氣的本體，此氣本再分成和、清、濁三氣，再落實為天、地、人。如此將無至有過程，大量加入氣的條件，重視氣化的意味也不自覺的提高。

　　由道本論的道本氣化，說明宇宙生化過程，困境在無形的道無法生出有形之氣。若本體直接是氣，本體之氣即是無形之氣，無形之氣再凝成有形之氣。此時無形生有形也有生成次序的階段是否存在，或如何分段存在的疑問，但至少有無的體質是連通一貫的。《河上公》未必有此意，但可引發由氣末上提至氣本的可能性。

　　漢代三家注老，以道為本體卻以陰陽二氣為宇宙生化的流行，隱藏著道不能生氣這問題。若說氣化是存在的流行，且流行的本體是氣也可成立。如張載云：「氣不能不聚而為萬物，萬物不能不散而為太虛。」[35]所以道本氣化或氣本氣化，這兩種解釋各有其立論的目的。道本論強調先有道再有氣，因道本論強調在具體萬物之中超越的一致性，氣本論是先有氣再有道，因氣本說萬物之中具有超越的一致性外，連它的體質義都具有一致性。所以道本從邏輯次序上先氣而有，作為氣化依循之理則。但從實然宇宙看，貫通上下兩間的無不是氣，道是氣化內在的超越性而已。處在漢代氣化論流行氛圍，又主道為本的《河注》未必關注此問題，但從後代道本或氣本不停歇的討論，《河注》較《指歸》上提氣位階僅次於道，也有些許指標的意義。

（二）精氣感通

　　《河上公》解《老子》「如春登臺」句為「春，陰陽交通，萬物感動，登臺觀之，意志淫淫然。」[36]陰陽的作用義，體質義，互相滲

---

35 〔宋〕張載：《張載集・太和篇》（臺北：漢京文化事業公司，1983年9月），頁8。
36 《老子道德經河上公章句・異俗篇》，頁80。

透融通，變化感應不已，但仍然不離開以陰陽為體性、以陰陽互動為原則。原則確立，形物雖萬殊，只是陰陽比例上多寡的不同而已。再往下推，形物也可以依此陰陽而相生相感。如王充自然的感應即說物類相感，王充云：「陰物以冬見，陽蟲以夏出。出應其氣，氣動其類。」[37] 萬物彼此不同，但皆可因氣類相同而相感應。甚至人和作用義強的天，體質義強的地，都可互相感應。整個清濁和三氣天地人都可互相感通，且不離開它在氣化中的整體性與關聯性。

前段是在本體界上談道和氣異質異層問題，現實上，物和物之間假使也是異質異層，則植基於一致性的超越本體如何成立？所以天人感應在氣類相感的條件之下，如「物類相從，同聲相應，同氣相求」[38]，在確定任何不同的萬物體質，都是氣的體質、作用義在流通。若在道和無限的世界相通、內容一致，但和現實世界不一致。人和物沒有作用義、體質義相通，沒有陰陽清濁的互動。形上世界建立的無限性和一致性，在形下世界便失去其整體性而變得支離破碎。「神明相薄，陰陽交會」即指陰陽固可生化不測，但作為宇宙的體質或作用的陰陽，是融通氣化為一整體的主要條件。

「一」是太和精氣，精氣既來自於「一」，就把「一」種種條件帶到人身上，人物天地在體質上、型態上、樣貌上不一樣，但都是互動的、互通的。如此人物雖千殊萬別，都以精氣相感，使彼此有關聯性，建構成一感通的氣化世界。由此反溯出道是陰陽生生超越的本體。如此說《河上公》也重視陰陽的生用無限義非體質義而已。

　　天道與人道同，天人相通，精氣相貫。人君清靜，天氣自正；

---

37 〔漢〕王充著；黃暉校釋：《論衡校釋‧遭虎篇》（北京：中華書局，1990年2月），頁708。

38 《老子道德經河上公章句‧虛無篇》，頁95。

人君多欲，天氣煩濁。吉凶利害，皆由於己。[39]

人能自節養，不失其所受天之精氣，則可以長久。[40]

「精氣」是面對形上無法凝為形下的困境，提出「精」既有形上生生義，又有形下氣化義貫穿上下的概念。故道本論對「精」重形上的生生義，道本之精重形物的實現義是乘載道體流行的工具，本身不具本體位階。認為陰陽氣化，只有氣化宇宙論無氣化自為本體之論說。氣本論則針對此「精」貫上下的特殊性質，希望上下兩間質性皆能一致，故將「精」視為貫通上下之「氣」。

從氣化論講，作用義弱要加強，體質義弱要加強，使有缺陷的人參贊投入天地的化育，讓天地人物各種由本體來的條件都能夠逐漸圓滿豐富，才是一個完整的氣化。從這完整的氣化中間任何天地所實現的流通性、變化性、體質義、作用義都是一致的，便是回應天。氣化宇宙論者提到精氣相感、氣化連通，目的在回復到本體。本體在氣化流行彼此互動感通、相截長補短的養氣或養精過程之中，透過一氣流布在人身上的不同體性表現出來，即「天道與人道同」。「天人相通，精氣相貫」指太和精氣既在本體界，也在形氣世界存在，而且這天人有形無形世界的主體是一貫的。這主體在實踐氣化流行過程中可感受、去參贊並引進人身之中，即是清靜養生。讓現實氣化的不同事物都因精氣相貫及清靜養生的修養功夫而完備天道。

但氣有清濁，所以人有賢愚。於是一方面天道生生流行，一方面不圓滿的人與天地互相滲透融通。則天人相應的作為，是具有理想性，又有多樣性，可共構成一整體圓滿的氣化世界。此義則為道本氣化者，或氣本氣化者皆可有的理想。

---

39 《老子道德經河上公章句・鑒遠篇》，頁184。

40 《老子道德經河上公章句・辯德篇》，頁134。

四 《老子想爾注》氣論

（一）一者道也

　　《指歸》、《河上公》主道生氣，《想爾注》不太重視細密的理論，是本道書，常被批評為淺末。《想爾注》又是殘本，沒有記載「道生一，一生二，二生三，三生萬物」這一章如何解釋，所以對道本氣化和氣本氣化的態度不得而知。

> 　　一者道也。一在天地外，入在天地間，但往來人身中。一散形為氣，聚形為太上老君，或言虛無，或言自然，或言無名，皆同一耳。[41]

《想爾注》把道、一、氣、虛無、自然、太上老君概念全都統合起來，轉為強調信眾遵守的道誡。道誡從道本講，透過道誡能體悟道的本體，從氣本講透過道誡對整個氣化流行的次序與條件能自得自悟。

　　「生，道之別體⋯自然者，與道同號異體。天地廣大，常法道以生」[42]道、氣等同於太上老君、虛無、自然，「生」有作用義和體質義表現可聚可散，而道也具有作用義具體義，道也是所以能聚能散的本體，故「道」也是「一」：「一，道也。設誡，聖人行之為抱一，常教天下為法式」[43]。「氣」不分陰陽二氣、但陰陽的流動性、變化性、創生的各種可能性，都在氣中。《想爾注》主說「道氣」，或許是淺末，或許是直觀的認為以道或氣為本，是邏輯先後的問題。形氣是真實

---

41 饒宗頤：《老子想爾注校證・第十章》（上海：上海古籍出版社，1991），頁12。

42 饒宗頤：《老子想爾注校證・第十章》，頁32。

43 饒宗頤：《老子想爾注校證・第十章》，頁28。

的，形氣的主體則是形上的，彼此是一氣化整體。故不再如《指歸》、《河上公》主張道生一，而直說「一者道也」。於是本體之道與作用體質兼具的一，不分位階與體性的差別，即是氣化世界的本體。

　　於是具有本體義創造義者，稱作道、氣、自然、太上老君皆可，亦即把偏向於本體義的道和偏向於生用的「一」，還有偏向於體質義的氣全部都統合為一整體。所以《想爾注》的道既是本體義的道，也是創生作用的一，道也是氣化萬物的體質，道還是創造萬物主宰萬物的神太上老君。所以不只稱道，而稱「道氣」。從理論分解來講會有形上形下不分的矛盾。但唐杜光庭在《道德真經廣聖義》中，亦云：「虛無不能生物，明物得虛無微妙之氣而能自生，是自得也。」[44]以為無不能生有，物仍須由氣生，如此真能生物者是氣而非虛無的道。杜光庭又云：「以道氣化生，分佈行兆，乃為天地。道氣在天地之前，天地生道氣之後，故云有物混成先天地生。」[45]亦是將道與氣合論，強調整合性的重要。《想爾注》把太上老君、一、氣、道、自然都搭在一起，可以說它是由道生氣→道是氣→氣本論發展過程的雛形。

（二）道氣不分

　　道炁常上下，經營天地內外，所以不見，清微故也。上則不皦，下則不忽，忽有聲也。[46]
　　樸，道本氣也。人行道歸樸，與道合。[47]

44　〔唐〕杜光庭：《道德真經廣聖義》（上海：上海書店、北京：文物出版社、天津：天津古籍出版社聯合出版，1994年）。〔明〕張宇初編撰；李一氓主編：《道藏》，第十七冊，頁334。

45　〔唐〕杜光庭：《道德真經廣聖義》，頁334。

46　饒宗頤：《老子想爾注校證・第十章》，頁17。

47　饒宗頤：《老子想爾注校證・第十章》，頁36。

「道氣常上下」，從道本論講，不說道氣常上下，只會說道無限遍在上下。但《想爾注》可能直觀的覺得不嚴分道和氣中間的過程與體性，道氣都可以是本體，本體即統括了上下。《想爾注》未必有這種想法，但從宋明理學的理氣是一的結論來看，可以反推回來說《想爾注》以為氣的種種性質近本體，道的種種性質也是本體，都是可遍在上下兩間的本體，故道與氣合稱，對要求信徒遵守道誡的《想爾注》也是方便法門。

「經營天地內外」，體性一致位階不同的道和氣消除位階差別便可作為同一個本體的「道氣」，氣在天地外面是無形之氣，在天地裡面是有形之氣，但兩者內外相通，天地上下有別，但體性一致皆是「道氣」。

假使是道本氣化，天地之氣和道是上下有別的，道在天地外氣在天地裡。但道氣是一則氣在天地之外，氣也在天地裡。天地之氣滲透到生命主宰形體，形體的言行必須遵守已為己體性的天地之氣的理則，身體內外通過「道氣」的同質同層的貫通，可將養生重點放在遵守道誡上，而不必再著重在修補道與氣的差別上。

> 道氣在間，清微不見，含血之類，莫不欽仰。愚者不信，故猶橐者冶工排橐。籥者可吹竹，氣動有聲，不可見，故以為喻。以解愚心也。清氣不見，像如虛也，然呼吸不屈竭也，動之愈益出。[48]

道氣在時空中非言語感官思維所能掌握。《想爾注》直觀地認為所有時間、空間、內外，皆是建立此由無至有所需的道與氣共構而成，能通

---

48 饒宗頤：《老子想爾注校證·第十章》，頁8。

過異層而共構者只有無形之氣可完成。「清氣不見，然呼吸不屈竭」清氣是作用義、生化義最強的氣，不存在但存有。比擬只要有道氣在，即如呼吸也即是陰陽動靜不已，亦即道氣本身亦是流行不已的。

> 道氣隱藏，常不周處。人法天地，故不得燥處。常清靜為務，晨暮露上下，人身氣亦布至。[49]

這是《想爾注》特殊的地方，因為依照張載的說法，還有《指歸》、《河上公》都認為人的形氣以作用義漸緩，體質義漸強，以致僵化後，形氣又歸散於無形的元氣或氣化流行中，亦即一氣無所不在，只有形態改變，體質不變。《想爾注》則說「道氣」只在好人身上留存，不在壞人身上留存，這是宗教教化的目的。氣化論主張一氣形聚為有形之氣、形散為無形之氣，在形聚形散、有形之氣和無形之氣樣態之中更迭流轉。「唯人身氣亦布至」即指原則上，道氣仍遍在人身內外上下，不會有氣不存某處的可能，否則不具道氣本體的普遍性。

> 道氣微弱，故久在無所不伏。水法道柔弱，故能消穿崖石，道人當法之。道猶水，人猶魚。魚失淵去水則死，人不行誡守道，道去則死。[50]

做為氣化流行的本體的道氣，因具本體性格，自然是無所不在。《河上公》、《指歸》不免隱藏了，或避免強調氣無所不在的意義，以免影響道的根源性及唯一性，但做為氣化所以然之道，必是所有氣化之所以然，才是普遍之道。反之，道應普遍在氣化之上，才成其為道，則

---

49 饒宗頤：《老子想爾注校證・第十章》，頁19。
50 饒宗頤：《老子想爾注校證・第十章》，頁46。

道有普遍性，氣亦應有普遍性，因道無所不在。

　　《想爾注》也許受當代流行氣化論的影響，以為道虛而無限遍在，但非文字言語能掌握，若藉由感官易掌握近似無所不在的氣，統稱「道氣」，較易說明氣化流行的整全面向。在道本無限的思路下，是否可提高氣的遍在義至本體位階，《想爾注》時或有之，時或無之。故只能說是不自覺地強調氣可為永恆遍在之本體的思想。

　　　　今佈道誡教人，守誡不違，即為守一。不行其誡，即為失一
　　　　也。[51]

不行道誡，道氣即消失，正常情況道氣則流通全身，只要人身是和諧清靜的、守道誡的，道氣就流通天地人間。反之，即以道氣隱藏罰之。可見《想爾注》人格神意味及教化信守道誡的要求明顯。道氣在人身上讓有限的人也發揮道氣的創造作用流行義。本體不只是個超越於氣化之上的本體，應該是遍在於萬物中為其具一貫性的體性，而此本體即是氣化流行上下貫通的本體。亦即體由用顯，用中有體，而體用非二，如前述宋明理學氣本論者所主張的理氣是一。

　　《想爾注》未必如此設想。如晉代葛洪《抱朴子》「渾芒剖判，清濁以陳，或昇而動，或降而靜，彼天地猶不知所以然也。萬物感氣，並亦自然與彼天地各為一物，但成有先後，體有巨細耳。」[52]仍主道生氣，宋代張伯端的《悟真篇》云：「道自虛無生一氣，便從一氣產陰陽。陰陽再合生三體，三體重生萬物昌」[53]也仍主道生氣這一

---

51 饒宗頤：《老子想爾注校證・第十章》，頁12。

52 王明：《抱朴子內篇校釋・至理》（北京：中華書局，2007年10月），頁136-137。

53 〔宋〕張伯端撰；翁葆光注疏：《諸子集成續編二十・卷之五・悟真篇注疏》（成都：四川人民出版社，1998年），頁280。

路數，可知主道本氣化一脈相承不止，但本文是由理氣是一的氣本觀點回頭反思漢代三家注《老子》的書，對氣的位階高低游移不定，是否顯現出氣化宇宙論的本體，應是超越氣化之上的形上之道，或者隱藏了氣化的本體應是氣的可能或趨向，並因而成為後世氣本論的助緣之一。

五 結論

自老子提出「道生一，一生二，二生三，三生萬物」一語，歷代詮釋者以道為本體論，氣為宇宙化生論為大宗，由流行氣化宇宙論的秦漢，以至宋明，道本氣化論，不絕如縷。本文則由宋明成熟的氣本論反溯漢代三家注老覺察《指歸》道本氣化論立場明確，《河上公》仍屬道本氣化論，但氣位階已提高近本體，《想爾注》則直接將道氣並稱，蘊含了後世主張「無不能生有」，即道不能生氣思路的初緣，進而有後世將本體論，宇宙論統為一氣流行的氣本論。道本氣化與氣本氣化二路，互動繁雜。本文藉三家注說明已有此二路的不同，及蘊有引發氣本論的可能性。

—— 原文發表於「中國文學暨華語文學術研討會」，2013年11月14日

貳　《老子》對唐代道教氣論的影響
——以吳筠為例

一　前言

　　吳筠，唐代華州華陰人，進士落第後隱居南陽倚華山，後入嵩山，師承馮齊整而受正一之法，玄宗多次徵召，應對皆名教世務，後為高力士所譖，固辭還山，卒於大曆十三年（西元778年）。弟子私諡宗玄先生。著有《玄綱論》和《神仙可學論》。本文以《玄綱論》為主，探討唐代道教承繼老子「道生一，一生二，二生三，三生萬物，沖氣以為和」的脈絡，經由兩漢兩漢老子《指歸》重道次氣，《河上公》道氣並重，《想爾注》以氣為主等，道與氣孰重孰輕互相辯證的發展，討論吳筠對道、元氣、陰陽、神精等，由元氣詮釋的內容與特點，主要有「無」、「無而有，有回無」、「有」分三段，又統覺為一整體來詮釋。

二　道

　　道者何也？虛無之系，造化之根，神明之本，天地之源，其大無外，其微無內，浩曠無端，杳冥無對，至幽靡察而大明垂光，至靜無心而品物有方，混漠無形，寂寥無聲，萬象以之生，五音以之成，生者有極，成者必虧，生生成成，今古不

移，此之謂道也。德者何也？天地所稟，陰陽所資，經以五
行，緯以四時，牧之以君，訓之以師，幽明動植，咸暢其宜，
澤流無窮，群生不知謝其功，惠加無極，百姓不知賴其力，此
之謂德也。然則通而生之之謂道，道固無名焉。畜而成之之謂
德，德固無稱焉。嘗試論之，天地人物，靈仙鬼神，非道無以
生，非德無以成。生者不知其始，成者不見其終，探奧索隱，
莫窺其宗，入有之末，出無之先，莫究其联，謂之自然。自然
者，道德之常，天地之綱也。[1]

唐代吳筠論道，既承續了先秦老子論道為本體的思路，也吸收了兩漢
氣化宇宙論由天有日月星辰，風雲雨雪，神魂精魄，降而為地有東南
西北，春夏秋冬。天地中之人有五官、五藏、五音、五色、五味等，
由天地人三才共構而成具體的、殊異的、種類繁多的氣化的實然的世
界，而此世界的根源，則在於具有本體位階的陰陽相生不已的「元
氣」，或者說「道」。其中《指歸》以道為首出，氣為第二義。《河上
公》以道與氣同具萬物的本體義與實然義，而《想爾注》以氣在道之
先，重視道的實然與流行義。在道與氣二者間選擇孰為根源義，孰為
實然義較為恰當，吳筠論道仍以道為形上本體，但對不可定義，不為
言語限制的道，則由「虛無」說無限，由「造化」說無為有之本，由
「神明」說不測之妙，由「天地」說實然之整體。此種論道，道已非
純然無物的本體，而是雖無形卻明白蘊有無生有的無限可能性。「無
內外」說道遍在任何有形無形的空間，「無端無對」又指道雖遍在，
仍是形上層次的遍在，非形下層次的遍在。「至幽至靜」指道為形

---

1 〔唐〕吳筠：《宗玄先生玄綱論》（上海：上海書店、北京：文物出版社、天津：天
津古籍出版社聯合出版，1994年）。〔明〕張宇初編撰；李一氓主編：《道藏》），第
23冊，頁674。

上，「大明品物」則又指道可化為形的萬殊。「無形無聲」指形上之道卻為「萬象五音」殊異萬象的實然根據，如此論道，道既是本體，道也是萬有的實然根據，此根據內蘊即是陰陽之氣。「生有極，成必虧」指道運氣化的生與成，有其限制與秩序。如此論道，道形下氣化秩序的規定者。

吳筠以為「天地、陰陽、五行、四時」為得道之德的狀態。道為形上，則此四者本質皆是形上道體。道有無限可能，則此四者亦有生化為實然萬殊的能力。道為實然根據，則此四者即為能凝委為萬殊的實體。得道固然為德，但此德非形上內在異質異層的形物中，仍維持其形上義的德。而是道凝委為形之德後，德的本質、作用與生成，與道是同質同層的。亦即形上、形下唯一整體無別的思維。「牧君訓師」說德則行道的教化作用。「幽明動植」指日夜動植皆德在時間及品類多元的展現，「澤流惠加」說德是化育萬物生生的功用。如此論德，德內在是道，有生化各方所的能力，及與道與德的位階，道與德除有形上降為形下之關係，亦有道為形內德為形外之架構，且德在氣化中，生成教化義也具體彰顯出來。

「自然」是形上內隱之道與形下具顯之德的整體合論。如具像的天地人物，內有生生之道。無象的靈仙鬼神，藉氣化生德而成就。生成無始無終，既是生道之原則，也是成德之實然。「入有之末」指自然內在根源為道，「出無之先」指自然雖有實然之象，但此自然又非時空所能限制的，是由道德整體合觀下說的自然。

三　元氣

太虛之先，寂寥何有。至精感激，而真一生焉。真一運神，而元氣自化。元氣者，無中之有，有中之無，曠不可量，微不可

察，氤氳漸著，混茫無倪，萬象之端，兆朕于此。於是清通澄
朗之氣浮而為天，濁滯煩昧之氣積而為地，平和柔順之氣結而
為人倫，錯謬剛戾之氣散而為雜類。自一氣之所育，播萬殊而
種分，既涉化機，遷變罔窮。然則生天地人物之形者，元氣
也。授天地人物之靈者，神明也。故乾坤統天地，精魂御人
物。氣有陰陽之革，神無寒暑之變。雖群動糾紛，不可勝紀，
滅而復生，終而復始。道德之體，神明之心，應感不窮，未嘗
疲於動用之境矣。[2]

玄綱論首章論道德合為自然，次章論元氣，排列先後上似是道為第一
義，氣為第二義，但由「太虛之先」論元氣，知元氣位階與道同高，
道為本體的形式原則，氣則為本體的生成作用。道與德為內存與外顯
為一體，所以元氣亦含有無形元氣與有形形氣統為一氣的架構。「寂
寥何有？」若單指形上之道，自無任何內容。然吳筠的自然由道與德
合論，所以道非單指形式義之道，尚有成德內容於道中。亦即吳筠的
元氣仍有兩漢統天地人三才為一氣化流行整體觀的思維，與宋明理學
分道為形上，氣為形下的二分法思維不一樣。「至精感激，真一生
焉」強調位同於道的元氣，「至精感激」強烈的元氣生生作用。而此
蘊育由無而有的作用，即「真一」。「一」為有限之萬物始生之符號。
「真一」之「真」指此「一」是統貫有與無兩間的始生符號，是統合
「無」，「無而有，有而無」，「有」之階段為一氣化整體的一，非形上
為形下生成指導原則的始生的一。「運神」言統上下、內外為一體，
能化生萬殊異象的不測之妙的作用，此生生妙運萬物，且由本體自由
自主而發用，非被另有更高之體來決定的實體，即是「元氣」。「無中
之有，有中之無」指元氣雖無形無狀，但是能生化萬物，故亦是有。

---

2 〔唐〕吳筠：《宗玄先生玄綱論》，頁674。

萬物有形有質，其中皆有生化無限之能力，此皆有的一致性，便是無。此入由內外共構說元氣。

　　「無有」的關係，亦可由階段層遞說，如元氣是無，無由微而著而顯而形為有的過程，亦皆為元氣自化之運神。有形有質之有，乃元氣自化之凝委為形者。「曠、微」言元氣充滿所有空間，若空間為形下者，則元氣除了滿空間中，亦充滿空間之外的無限本體中。「漸著無倪」言元氣由無而微而著的過程，是在無形氣化中進行，故非有限之感官思維所能覺知，故曰無倪。由理性、客觀、形質來說，此漸著過程無法覺知，氣化萬端又無法重複驗證，則元氣漸著便不能成立。著由價值意境、倫理秩序脈絡說，可將漸著詮釋為由形上本體義，再強調此本體亦有凝委為形的才質條件。本體有凝形的才質條件，且才質義逐漸明顯至於化形，則所謂的「無而為有」才可成立。否則「有」，或形氣到底由何而來，便無法給出答案，如朱子的理氣二分之困境。無而為有能成立，便是由氣有動靜，陰陽同有生化作用，及凝形的才質條件來說，於是清通之氣浮為天，濁滯之氣積為地。強調元氣之清揚作用，多於積凝作用，從理論上說是天，從實然角度此天仍有才質義，故也同時是日月星辰層次是天。

　　吳筠在元氣的播育與萬殊種分的理論架構下，從才質義的角度下，將元氣凝形分為四種。一為天，一為地，一為人倫，一為雜類。天地撐起氣化的架構，人倫為此架構內的生化義與才質義的比例和合，在才質義中呈現倫理義，雜類為生化義與才質義的和合比例，各各殊異不同且其中呈現的倫理義較隱而不顯。而生化義與倫理義在才質義的承載下，各有顯隱強弱不同之表現，此殊異之各種可能在由「無」，「無而有」二階段，凝委為形的那一點上，便是「化機」。元氣自化運神，神化為眾形的化機自亦流行不已，統體觀之，運神、化機乃元氣流行不同階段而已。

　　吳筠以「生天地人物之形者」為元氣，以「授天地人物之靈者」
為神明。於是天地人物之形質為元氣所形成，而天地人物之生化則為
神明之作用。所以分析的說，元氣為天地人物之才質根據，神明為天
地人物之生化之靈妙原則。整體的說，元氣能形成殊象萬有，是因元
氣中有靈妙不已的生生作用。神明是元氣生化靈妙不已的原則，二者
統為一體，如此說元氣，元氣不僅是理性的、客觀的、實然的存在，
如東漢的王充。元氣亦是主觀的、價值的、貫通有無的存有。但存有
非虛說是實說，所以「乾坤統天地，精魂御人物」乾坤的存有主宰存
在的天地，無形的精魄主導有形人物。存有存在非不同而為一體。雖
說氣與神通為一整體，吳筠又言「氣有陰陽之革，神無寒暑之變」指
氣因陰陽之革變，才質義有多寡之分別，生生妙運之神則是超越有
無，無時無刻不在的。合言之，任何有方所，先後限制的形氣，其所
以生、成、化、滅，皆因元氣之神，隨時隨地運化於其中而有的。所
以元氣既是存有，元氣亦是所以有萬殊的存在，存在固然有限，但統
任何時空中的有限存在為一元氣流行，其中的有限是無限的示現，可
進一步說，所有的有限即統合為一實然的無限。實然與無限，定義上
是相對的於元氣流行有無兩間中的模式下，是可以相通的。

四　天干與地支

　　夫道本無動靜，而陰陽生焉。氣本無清濁，而天地形焉。純陽
　　赫赫在乎上，九天之上無陰也。純陰冥冥處乎下，九地之下無
　　陽也。陰陽混蒸而生萬有，生萬有者，正在天地之間矣。故氣
　　象變通，晦明有類，陽以明而正，其粹為真靈，陰以晦而邪，
　　其精為魔魅。故稟陽靈生者為睿哲，資陰魅育者為頑兇。睿哲
　　惠和，陽好生也。頑兇悖戾，陰好殺也。或善或否，二氣均合

而生中人。三者各有所稟，而教安施乎。教之所施，為中人
爾。何者？睿哲不教而自知，頑兇雖教而不移，此皆受陰陽之
純氣者也。亦猶火可滅，不能使之寒。冰可消，不能使之熱。
理固然矣。夫中人為善則和氣應，為不善則害氣集。故積善有
餘慶，積惡有餘殃，有慶有殃，教於是立。[3]

陰陽最早為初民對萬物認知的基礎概念與符號，逮及兩漢，陰陽已是
成熟的詮釋氣化宇宙相生相剋流行萬端的普遍結構。如自然氣本論者
如王充從理性、客觀角度論陰陽。董仲舒等儒家，由陰陽相生，孤陽
不成，孤陰不生論陰陽共構並濟，同時為政治所用，在化陽尊陰卑的
觀念，為君尊臣卑，父尊子卑的政治倫理做基礎。此皆側重陰陽平等
共構的方向。唐代吳筠，承秦漢以來由氣化論論陰陽，並立於唐代道
教通過氣化修為以成仙的立場上，除由道與氣整體觀來論陰陽，又認
為純陰及純陽之氣的狀態，亦影響其對人分三品的觀點。

　　「道本無動靜，陰陽生」無動靜指道為超越相對動靜之上，又蘊
涵生發形下動靜的本性。陰陽即為道體內能生發相對層動靜的根本作
用，在吳筠道與元氣等同齊觀的看法下，陰陽為生道之作用，則陰陽
亦應與道、元氣同有本體位階。但元氣除「無」外，尚有向下「無而
為有」的過渡階段，即「有」被成就後的實然結果。所以當陰陽下降
於「無而為有」的階段，如道下降為神魂精魄的階段，及元氣由微而
著為日月星辰，風雲雨雪，道與氣通，所以「無而為有」階段生發作
用的陰陽，同時有神運靈妙一路，及氣化萬殊一路的兩種性質。神運
一路為陰陽的生生作用，萬殊一路為陰陽能凝形的才質義的開始。若
陰陽與元氣位階同，則才質義由元氣中及涵具。若陰陽只為元氣之發

3　〔唐〕吳筠：《宗玄先生玄綱論》，頁675。

用，尚無才質義，則才質義應由「無為有」過程中，由陰之凝滯而有。
「氣本無清濁，天地形」一語，知無清濁之氣屬本體層，天地形之氣
則為有形，可知陰陽之才質義在本體位階「不顯」，在開始凝為物形
方顯著。此非由分析說，而是詮釋元氣統通上下、內外時可如此說。

　　「純陽在上，九天之上無陰。純陰處下，九地之下無陽」吳筠以
為純陽者無陰，純陰者無陽，與傳統陰陽並濟說不同。若純陽無陰，
純陰無陽成立，則道生陰陽說便被推翻。所以「純陽、純陰」之
「純」當指陰陽各有其主體性、意向性，兩兩不同方能相生相成。另
外「純」亦可由氣化流行無形無狀處，陰的才質義尚不顯著說純陽無
陰。由兆朕萬端、明晦各異說，此為陰之才質義顯著，而說純陰無
陽。「陽以明正，粹為真靈，陰以晦邪，精為魔魅」則為純陽定義為
明正真靈的價值流行，純陰則為凝滯晦邪的魔魅根源。如此由真靈、
魔魅倫理相反立場說陰陽，此時陰陽應指在相對有限層次為說者。強
調陰陽在相對層次說，可知吳筠論道亦重氣的立場，須通過氣化種種
限制方能成仙，不明氣化萬殊只言玄虛之道，吳筠所不取也。

　　「稟陽靈生者為睿哲，資陰魅育者為頑兇。陽好生，陰好殺。二
氣均合而生中人」孔子有言「上智，下愚不移」針對人氣質才性的不
同，與變化氣質之可能與否，提出看法。〔漢〕董仲舒以為仁貪二性
兩在於身，〔漢〕揚雄主張善惡混，〔唐〕韓愈主張人性分三品，
〔唐〕吳筠從陽善陰惡、陰陽和合為中人說人分三品，陽靈為善，陰
鬼為惡之分，是順其有純陽、純陰二氣分別而來。又說二氣均合為中
人，中人為善和氣應，為不善則害氣集。可知基本人為二氣和合者，
純陽盛而陰氣隱弱為睿智，純陰盛而陽氣隱弱為頑凶，此二者在陰陽
比例上為極端者，理論上應存在，因陰陽相生有各種多寡、顯隱、強
弱等呈現的不同狀態，但陰陽並濟凝委為人，若真有純陽而無陰者，
即無陰則不可能有人形之存在，真有純陰無陽者，則雖為鬼魅亦無能

害人。所以實然上，只能說陽靈盛極為睿智，陰魅盛極為頑凶，但睿哲者仍有凝形之陰氣，頑凶者仍有睿哲之陽氣，唯有如此，教化才有可能，教化非只對中人有效而已。且睿哲指陽靈在神魂層次的流動順暢，頑凶指陽靈在神魂層次的凝滯與固塞，教化目的當在暢通中人、頑凶者陽靈的暢達程度。

五　神情

> 夫生我者道，稟我者神，而壽夭去留，匪由於己，何也？以性動為情，情反於道，故為化機所運，不能自持也。將超跡於存亡之域，棲心於自得之鄉，道可以為師，神可以為友，何為其然乎？夫道與神，無為而氣自化，無慮而物自成，入於品彙之中，出乎生死之表。故君子黜嗜慾，朡聰明，視無色，聽無聲，恬澹純粹，體和神清，虛夷忘身，乃合至精。此所謂返我之宗，復與道同。與道同，則造化莫能移，鬼神莫能知，而況於人乎。[4]

兩漢氣論最高為道體或元氣，降為神魂即價值倫理流行之作用，引伸為宋明理學之天地之性或義理之性，再下凝為精魄即感官知覺的能力，引伸為宋明理學的氣質之性。處於漢、宋中繼階段的吳筠，大略不出其脈絡，然又有特色。如「生我者道，稟我者神」乃言我形由道生，我稟者為神，整體觀則為道以元氣為內容，可凝委為我形，而道運神作用，亦在元氣委形中凝為我形之神。所以順著「真一運神，元氣自化」而有的萬端殊異，自然「壽夭去留，非由於己」，此由有限

4　〔唐〕吳筠：《宗玄先生玄綱論》，頁675。

我之立場,體悟神運有無限方所化生之可能。若將道之神運落於人身來說,則道為性,神運為情,所以「性動為情」。然道無限,性則受限於身,未能全然展現,則順性而動之情,要透過工夫修養以復性之全而同於道。在整體觀照下,順性而動情,在元氣神運不已的發動中,自然會往超脫性,情之有限,而往本具無限義的道之神運化生萬物來說,則人身周圍所有時、空、人物皆道神之流行周遍,無所為所在不是道,則所謂「情返於道」亦道自身向下貫為人物後,復又回返道自身的運動而已。由道神而我,由我情返於道,亦道自身的往復不已的過程,自然為化機所運,不能自持也。

——原發表於「現代諸子學發展與創新國際學術研討會——第七屆
新子學國際學術研討會」,2018年11月9-12日

參　清代劉鳳苞《南華雪心編》的氣論

一　前言

　　老子「道生一，一生二，二生三，三生萬物，沖氣以為和」道屬絕對非一，一生二，二為相對者，形上與形下兩間相對而立，位階差異明確，無須討論。唯所謂「一」，究屬絕對之「道」抑或相對之形？則有討論空間。莊子〈齊物論〉云：「有始也者，有未始有始也者，有未始夫未始有始也者，有有也者，有無也者，有未始有無也者，有未始夫未始有無也者。」打開無非無而已，無有無及無無等層次觀念，則一為貫徹形上形下為一之位階，是合理的詮釋。一若貫通上下，則一為道生氣之轉化機制？或一為統合道與氣的作用？此又為歷代道生氣或道即氣兩路爭論之所由。本文就〔清〕劉鳳苞撰，方勇點校的《南華雪心編》，探討「一」者究竟何指。「一」在道與氣關係中的作用與位階，提出一即元氣即太極，其體量與道同為無盡，此時可說道即氣。唯道不可言說，屬本體位階為最高者，道之內容即元氣、太極、一等雖亦不盡，但因可以言說，故位階較道為次，此乃在道即氣之狀態中，表示道較元氣、太極、一為高。而形物之生化則由元氣流行凝和化育而有，此乃體量與道同的元氣之生化形氣，難謂道生氣也。而道即氣，指道之體量之元氣化生成就形氣之總稱也。亦可說無形元氣流行化育無盡的形氣宇宙，就化境統言之，皆道之實現，故可曰道即氣。以下即分論云。

二　道

（一）道體之義

> 天地萬物皆以道為根本，而道則自本自根。神鬼神帝，不神之
> 神，生天生地，不生之生。天地龜神，無非道之所貫注。萬物
> 衛生，即有太極，道更處乎太極之先。天地初開，即有六極，
> 道更淪於六極之下。[1]
> 至高至深者道之量，不見為高深者道之化。先天地生，則能覆
> 載天地而不遺，而天地之覆載萬物者居其後。長於上古，則能
> 幹運古今而不息，而古今之幹運會者莫為之前也。[2]

司老子是客觀的、分析的說「道」；莊子雖承老子以道為本體之思
路，便轉由主觀的，體驗的視角說道。故老子「道」的本體義，先在
義，生生義，在莊子的書中，則扣緊了生命所在的氣化世界中，昇華
出所以如此氣化流通之原則，即道也。天地萬物育形有質，可被定
義，稱謂，位階再無可稱謂的本體之下，道則超越在相對界地天地之
上，為絕對界的本體。為如此之然的所以然，所以然已在絕對層，故
在無更高的所以然，為此所以然之所以然。故道立於絕對本體層，在
無位階更高存有，道本身即是最高存有，道之存有只是自存自有。既
不能向上追索，道便向相對界生生不已，成為天地萬物生發無窮盡的
所以然。道非僅是邏輯上生發之所以然，在實然世界中，道也是貫注
於天地鬼神，使天地真成實然存在的本體。道非虛說而是實說的本
體。亦即道非由理性來說明，而是由天地鬼神真實存在的體驗而知。

1　〔清〕劉鳳苞撰；方勇點校：《南華雪心編》（北京，中華書局，2013年），頁158。
2　〔清〕劉鳳苞撰；方勇點校：《南華雪心編》，頁158。

劉氏以為道化次序最先者為道，再次為太極，再生出天地。太極在道之下，天地之前，即介於無與有之間，為無形氣化為有形的中介，既通於無形而可凝為有形。此為秦漢氣化的特色。言「道更淪於六極之下」乃進一步強調道通過太極灌注於天地六極中，道不是理性上的所以然，是實然世界的所以然。

　　道本不可說，既落於實然，即由實然說道，此時便可說道之體量至高至深。惟實然氣化之聚散無盡，非有限情識可掌握，故在六極中，仍保持道化之不可稱謂的本質。「先天地生」非強調道的先在性，而是強調道載物不遺的全體完成義，能載物不移才是道。「幹運古今不息」除道有永恆性外，也強調永恆性是即幹運古今不息的氣化而顯而有。

> 　　最初者莫如天地，天地立於萬物之初，道又立於天地之初。一陰一陽，道之所為對待以成形，至陰陽互為其根，陰伏於九天之上，陽萌於九地之下，道之所為變通以成和，有天地而後有萬物。[3]

從宇宙生成秩序說，無形之道生有形天地再及萬物。若從所以生成之體性，即「道之所為」說，道因陰陽互根生生不已的作用，淪於氣化中。使道之生用轉為氣之生化。陰陽不只是作用義的說，而是具體成就氣化實然的素質。從定義上說，實雖有形而介於有無間再有形的事實存在。但由生命體驗的化境說，此乃綜合有形與無形兩層共構而成一宇宙整體，生命整體必然出現的一種合理來詮釋。陰伏於九天之上而下降，陽萌於九地之下而上升，陰陽相會，天地合和，便是道在實

3　〔清〕劉鳳苞撰；方勇點校：《南華雪心編》，頁486。

然層具體成就天地的實現。天地萬物有所相對而成立，即根於或陰或陽而有。萬物相對又彼此合和化育不已，即陰陽相生互根所成就。

> 大道渾淪無物，太極之初，一而已，實至分為兩儀四象，其數處於無窮，而物物又各具一太極，道所為通乎其分也。物不毀而何以有成？成之始即為毀之終，成毀雖分，道通為一。[4]

所謂「渾淪無物」強調道之無盡非本體是空之無，而是由氣化無窮，無由全實盡現而說無。老子說道生一，劉氏說「太極之初一而已」，將老子之一詮釋為次於道而為萬物所出，但位階層無形層，而內具陰陽成就天地實體的實理。由此二義的太極，即所謂一，可以開始說實然界的分化由原則性的一，分化相對又再相生的兩儀四象，以至數變至無窮的天地萬物。由無而一而有，雖出在一屬形上或形下？一無形無得生有形，一有形則失其無限生生義。但不由分析無與有為兩間言，由一既具無限義通於道，亦具素質義化為氣，使一上通道下化氣。由分解說不可能，由圓融說體會說，既具無限生化又具素質完成義，可徹上徹下的氣，則可擔負此通有無為一生命整體的使命。代表道淪於天地中之太極，非只為生物之根源，而與萬物無涉而已。太極依其自身陰陽之氣機而生物，物由太極而存在，太極亦即物而在。縱貫而下說，道而太極而萬物。平面的說，太極即物而在，物因太極而有。逆推上去，成毀不滯之物，由太極而不滯，太極不致則原於道之無限性。如此統會下貫上推而言，道通為一，非通在本體層而已，亦通在氣化層，即氣化而說道。

4　〔清〕劉鳳苞撰；方勇點校：《南華雪心編》，頁571。

（二）道體生生

> 無始之初即有此道，道備於吾身之內而立於太極之先，故長於
> 上古而不為老。天地覆載無身，而道之無外者，實足以覆載天
> 地。眾形不勝雕刻，而道之無內者，實足雕刻眾形。。[5]

「道備於吾身」明白不由本體義說道，由氣化層說道。道在生物之太
極之上的先在性渾於萬物中，萬物雖有形質之限制，但其體性卻是無
限的，即不由有形有限決定物，而由物乃氣化不已過程的偶一生滅狀
態來說物。物雖有生滅，本質則是無盡氣化不以偶然生滅為主體。
「道之無外」可指道之無限性，此處之無外，則落於「足以覆載天
地」而言，則將道之無限性擴大了原本與道相對而有限的形氣世界，
亦應如道之無限大。若執於道無限形有之二分說，便是道物二分，不
即不離的說法。若立於道順自身之氣渾於自身成就之形氣中說，則道
之無外，即氣化亦無盡也。是道物相即，體用是一的說法。「道之無
內」指物即道自身之顯形，道體無限則物形自亦無所不有。

> 天地萬物萬物皆道之合併為公，道在形氣中，天地萬物皆不能
> 外於道。萬物皆有所自生，生者可見，所以生者不可見，是即
> 道之立於生初。陰陽四時，天道運行而不已，生機遞嬗於無
> 窮。[6]

萬物不能外於道，消極的說物以道為體，萬物為道之合併為公，乃積
極地強化道在形氣中，道即天地萬物之整全實體。道為生物之初，藉

5　〔清〕劉鳳苞撰；方勇點校：《南華雪心編》，頁182。
6　〔清〕劉鳳苞撰；方勇點校：《南華雪心編》，頁688。

其自身的陰陽生化之原則，由不可見的本體層，深化為可見的形氣層。其陰陽相生原則，不由道以氣為內涵的體性，由無形之元氣狀態，將陰陽相生轉為形氣以陰陽相生為素質的狀態。而道之無限，在本體界，本超越在時空之上，屬不可言者。唯在氣化中，道無限性顯現，正可由氣機遞嬗無窮而呈現。此時無限非虛而為實者。「道渾於無形，精粗則期於有形。小大之數，分之而無可分，窮之而無可窮。」[7]道體本無形，即便淪於形氣中，以形氣為其體現之實然，仍不因此而成某一有限有形氣，而是成就所有形氣來實現道的無限性。由實然形數之分而之分，窮而又窮，無窮無盡之變化以見道即氣而顯之生生無限性。

（三）道即物而存

> 道在於無，一落形跡之粗，已非道之本體。然有形者皆無形之道所生，故曰「無所不在」。期定何者是道，則任舉一物可以見道。[8]
> 以物之有際者明道下而至於螻蟻……皆道之即物而存。以道之無際者宰物，顯而徵於盈虛衰殺本末積散，皆物之載道而行。[9]

分析言道體無形，一落形氣為形體所限，便非本體。唯由道以氣化為自身之實現言，則因道體無限，即道而顯之形氣自亦無限無窮。分析說氣化世界為有限非無限者。圓融一體說，道之無限即氣化無盡而顯，此是在化境上，氣化非有限而為無限者。劉氏有言「天地之先有天地」指形氣之天地前，還有無形之元氣，元氣即太極即一。可知形

7　〔清〕劉鳳苞撰；方勇點校：《南華雪心編》，頁370。

8　〔清〕劉鳳苞撰；方勇點校：《南華雪心編》，頁527。

9　〔清〕劉鳳苞撰；方勇點校：《南華雪心編》，頁528。

氣之上尚有無形之氣，無形之氣乃本體道「轉化」為形氣之樞紐。

　　較無形之氣位階更高者才是道。故「任舉一物可見道」非道直接由物可見，可見者雖為道。而是在化境上，通過徹上徹下，通貫本體與形氣為一整體的元氣，使道能即物而顯其為其物之體性及體質，在意義及形體上皆能被「見」也。

　　物以有際表示如螻蟻等形氣，皆無限「道之即物而存」，道藉所生形氣之無窮顯其為無窮形氣之實體也。「物之載道而行」指物之所自盈虛衰殺本末積散等相對待而為存或亡者，非與道上下相隔為二之物，而是物之本體義與素質義皆為道以其自身內容之元氣，分化不齊而成之物。故曰載道而行。非道物為二之載，是道物相即，一體之載。

　　　　大道無形無象，一切有象者接受其陶鎔。大道無始無終，一切
　　　　成始成終者皆歸其運化，接續無窮。……生死猶夜旦之常，人
　　　　不得與，不能不聽命於天，窮之天亦純任自然，而非有造作安
　　　　排之跡，則皆大宗師之與為推移也。[10]

有形象者皆無形象之道所「陶鎔」，知重點不在說道氣為二，而是強調道氣一體，一無一有，道氣本分屬上下兩間，能一體在於道為本體，故位階為最高，其可指涉之內容即無形元氣，即太極，因可指涉故做為道內涵之元氣，若從質量來說，應與道一樣無限，只因元氣做為可被描繪的生化作用，故位階次道一級而為第二義。又因此通道下貫形氣的無形元氣，以其無形義而通於道，以其有內容如陰陽互根可被稱謂。而可凝化為有形之體質，使「陶鎔」真能發生。道無始終，此「陶鎔」之實然，自亦運化無窮，接續不已。如此陶鎔非由人格神

10　〔清〕劉鳳苞撰；方勇點校：《南華雪心編》，頁136。

說，亦非由理性客觀機率說，而是由道級物而存的化境說道之真實究竟與無限。

> 「以無為首」言無始之初，萬物未生，道之渾淪無象者，同於元首之導。
>
> 「以生為脊」言成形以往，生機遞嬗，道之推演無窮者，附於吾身以顯也。
>
> 「以死為尻」言身沒之後寂然無為，道之反虛入渾者，依然凝靜之天。合三者為一體，始於無而復返於無。[11]

道即物存，故劉氏亦即物言道之生生。物以有生死而為物，「道合天地萬物而為公」死生一體即道之內容。「以無為首」指無為體，而有為其發用。「以生為脊」指即物而存之道，在形氣中不為形氣所限，仍稟其生生之用，使物真成其為生之物，而非無生生為體之死物。在道無窮盡下，其實沒有缺乏以生為體之死物存在，若有道被封限成有限矣。由生來即身以顯道，亦可由死顯道。身死乃形氣由聚而散歸無形元氣，無形元氣聚而有身，元氣中之運動，收斂作用，即凝化二氣五行為體質等素質皆一併化入形氣中，以雕刻眾形。及眾形消散運動收斂等作用，二氣五行之素質，自亦後返無盡元氣中。此由小說大，若由大說小，則道無始終，元氣流行亦無始終，眾形之聚散只元氣流行之偶生偶滅於元氣之無盡體量並無增減。再逆推上去，以無增減顯其無限性之元氣之上的道，自無由以增或減來影響其絕對無限之性體位階。而老子多由形上層說道無增減。莊子則即身推說氣化無增減，反虛入渾說道無生面增減也。

---

11 〔清〕劉鳳苞撰；方勇點校：《南華雪心編》，頁166。

（四）道體渾妙

> 道莫妙於無形，有形則以形造形，而環生不已。道莫渾於無
> 成，有成則成至敗，而戕賊無窮。道莫堅於不變，有變則以變
> 召變，而內外交戰。[12]

劉氏雖即物言道，但在化境中，道不因淪於形氣中，而失其無限性。
反因無限性之難言與無可捉摸，不若由眾形有無更迭，成毀互根來
說，即形氣之變化體會道體之無盡生化。由可說者說不可說者，故曰
渾妙。莊子以為由有說無，人不易知，不若由無說有，本末具明。同
樣劉氏以為以形造形，以有說有，只成有之一備。未見無之為有。要
知形造形之無盡，則不得立於有限之有來說，應是立於無限之無而說
眾有皆出於無知妙運。否則成毀生死在形氣層中流動，只能為短暫生
滅之偶現，失其形眾形雕刻乃道體渾淪示現之本者。

三　元氣即太極即一

（一）元氣徹上徹下

> 電者，輕清之物，有形無質，……不若鴻蒙之運化元氣於無
> 形。在鴻蒙轉運之終而不知其為誰何？且不知其為何事？則鴻
> 蒙之無聲無臭可知。[13]

輕清之雲雖無質仍有形故屬形氣一邊，較雲更上層，無形無質，聲臭
一起化除者，即為元氣。形氣中之生生即形而有，形散而無。較形氣

12　〔清〕劉鳳苞撰；方勇點校：《南華雪心編》，頁594。
13　〔清〕劉鳳苞撰；方勇點校：《南華雪心編》，頁264。

高一層的元氣，本將生生凝為形氣而成其體，及形散生生自亦返為元
氣。而運化形氣不已，無可捉摸界限者及元氣之所為。

> 上蟠下際，一太和之元氣，返虛入渾，執造乎未始存物之先，
> 足以主宰萬物而不為物乘。[14]
> 同於大道，徹上徹下，徹始徹終，皆元氣渾淪氣象，雖有形而
> 與無形者俱化，雖無形而與有形者相通，才是坐忘。[15]

能上蟠天道下際形物者為元氣。因其位於「未始有物之先」知在形物
之上。因「宰物不為物乘」知形氣由其而成。故元氣有道之先在性，
生化義。「徹上徹下，徹始徹終」知元氣上蟠下際，介於道與形氣間。

元氣先物及宰物故在物之上，而其先在與主宰義來自於道。則道
與元氣關係為何？論者有云「道生氣」，唯道無形，形有限二者，不
同質不同層，道實無能生氣，最多如朱子言道氣二分，道是理，氣是
實然非理，實然可順理而行為善，實然亦可能因氣強理弱，不順理而
行為惡。故道非真能生出實然形氣者。若曰道即氣，則道因為自身生
生義，先在義即為氣化流行所以可能之作用及條件，待到道透過內在
二氣五行之由無而有之化育生成為眾形，道即物而存，物載道而行，
物與道位階雖上下差別，為其二氣五行生化之體性則同，故至止為道
氣同質相通。如此說則「道即氣」較「道生氣」在理論上更為可行。
然或者亦可致疑，道氣同質仍有位階之別，不可便曰道即氣。則知道
氣雖有位階分別，但因同以氣為體質，故可通上下兩間，不以上下為
難通之限隔。而所以能通在於介於道物間之元氣可以徹上徹下，非道
物直接相通。

---

14 〔清〕劉鳳苞撰；方勇點校：《南華雪心編》，頁449。
15 〔清〕劉鳳苞撰；方勇點校：《南華雪心編》，頁185。

　　「有形與無形者俱化，無形與有形者相通」言相對之有形無形本為相隔無涉之兩間，在渾淪元氣之運化下，可彼此相通相化而無間隔，此故為工夫化境中事。然亦可接問「道即氣」非道是形氣，則道是元氣否？或道非元氣？若道非元氣，則何由說「道即氣」？劉氏云「至萬物與我為一，此是渾淪元氣參透化機。」[16]萬物與我為一是化機之元氣狀態。知元氣既得有道之生生、

　　先在義，同時亦是一氣流行之化機。可知元氣流行可承載成就道之無限可能性，其體性應與道等同而為無限大，或亦可說元氣即道。違紀提及萬物與氣機，則元氣又有其體質封限而不能為無限。所以由無限說道與元氣一致，元氣可說為體。唯元氣之體質含形物之素質，故元氣較無體質可說之道低一階。同時道之體量無可言說，元氣之體量似可言說，僅此一似可言說，即可使與道體量同為無限之元氣，故可被言說而較不可言說之道低一階，而為道在高，再次為元氣，再次為形氣。所謂「道即氣」之可以可立，應在道透過自身內容之元氣，凝為形氣，形氣消散返歸元氣，元氣流行即道體之無終始之架構下而說的。

　　以上說法仍有一位階先後之思路，若進入工夫化境，則並此先後一起化去。元氣介於道與物兩間之中，結合道與物為一宇宙整體，從分別說，

　　有道元氣，形氣二層，有圓融說，則道為體，物為用，道物因元氣徹上徹下，而為一全體。此時元氣為中介作用，若由工夫化掉此中介元氣，則由道言物非是道，由物言道無非是物。如此說仍有相對為一之論，若將「化掉此中介元氣」者亦化掉，則「相對為一」之論亦亦起化掉。如此一化再化至無可化者，迥無道物之分，則「道即氣」可說矣。

16　〔清〕劉鳳苞撰；方勇點校：《南華雪心編》，頁66。

（二）太極即一

> 一者數之始，無言則一而已矣。有言則一之外，乘以言一之
> 言，一與言相對而為二。二者一之偶，無言則一而已矣，有言
> 則一之外既乘以人之物論，又乘以我之齊物論，，二與一相參
> 而為三。由是以往，千變萬化，安有止期？……莊子從無始以
> 來，覰定一箇「一」字維生天生地生物生我之根，到此並要掃
> 去「一」字名色，見得「一」只是渾然一箇道理。謂之一，則
> 有一之言，渾然者破矣。[17]

劉氏以一為數之始，即形物有此一而來。有可言者即由此一加上說此
一之言。故一為數之言，說曰此一之言即由此一而來，於是言一者，
為一所生出之二。我言一為二，人言一則為一與二之外的三，道化無
己，由一而生二而生三，亦至於無窮數，而「一字為生天生地生物生
我之根」指一亦為氣化生成無窮萬物之始，照劉氏以元氣為生物之始
的思路，則此一亦即元氣也。元氣雖為道可說之內容，位階次一級，
但屬無限層次，故元氣之一，亦非具體可言說者，而是無法清楚定義
的「無言」，只是個渾然道理，尚非具體形氣層者。

> 無極而太極，則為一之所由起，庖犧是一畫開天，萬物之根柢
> 在是矣。然太極雖有一之理而尚處於無形，物得此未形之一以
> 生則謂之德。德者形跡所不居，一太極之渾淪也。[18]

無極為道，次級之太極則為一，一為萬物之根柢，則一之位階既同於

---

17 〔清〕劉鳳苞撰；方勇點校：《南華雪心編》，頁48。

18 〔清〕劉鳳苞撰；方勇點校：《南華雪心編》，頁285。

氣化根源之元氣，亦同於無極之道下之萬物根源之太極。可知劉氏之
宇宙生成次序是由道而元氣即太極即一，再為形物。所以如此特重介
於道與物間中介之元氣、太極、一等異名同實者，在於連通有形與無
形，化去彼此限隔，使整全一道氣相即的宇宙。而有形者非直接由道
生成，是通過其生生義與道相通，道通過其素質義與形氣相續的太極
即一，而具體成就的。可說物是由一由太極而成，物得此一於體中即
謂之德。一屬無形之理，落於形氣而為德，此德仍有太極之一，亦即
萬物各有一太極，始任一物皆確定由道而太極而生成，任一物皆道之
真實又具體的實現。道氣相即無隔而為一體。

四　無而為有，有而為無

> 蓋造化之初未始有物也，故謂之無。無者有之對，名之為
> 「無」，以畫出「無」字一邊界限，但可謂之無，而不可謂之
> 無無。泰初則并此無者而亦無之，無無之外乃有所謂無。無無
> 不可名，有無即有名。有無者無極之謂。無極而太極，則為一
> 之所由起，萬物之根柢在是矣。然太極雖有一之理而尚處於無
> 形，物得此未形之一以生則謂之德。德者形跡所不居，一太極
> 之渾淪也。當其未形，太極忽分為兩儀，在天為陰陽之理，在
> 人即為健順之德，然且流行無間，陰陽互為其根。由合得分，
> 一而奇者兩而偶；由分得合，兩而化者一而神。分合之權操之
> 冥漠之中，則謂之命。命之在天，安有停留之頃？[19]

劉氏將天地篇言氣化生生次序分為無無一層，無名一層，未形一層，

19　〔清〕劉鳳苞撰；方勇點校：《南華雪心編》，頁285。

分陰分陽一層，陰陽無間一層。以上皆屬無形層次。即有形一層以後，又有分何一層。以上為有形層次。統無形與有形為一體，則為不已之天命。無形分數層，非以道體直一清空本體為言。而是用宇宙生化有進程階段來說本體，此種進程亦即形氣身體作工夫修養時，躐等而盡的種種化無，化無工夫所必須通過者，可知此種形態本體之氣化味道甚濃。有形層又有陰陽二分，陰陽互根，合而分，分而合等階段，則有形而生而分合的過程，即陰陽氣化實然世界之發展過程。若只言清空之無，則純任一絕對本體而已。又有與無相對之有，並入宇宙生成中。則道不應只無一邊，而是有無互根共構為一者。

能說者為有，有之先則為無，然無一說，便亦非最高者。故又有一無無，化掉與有相之無。而為生生最高根源。即泰初之謂。實則推上去無無亦應化掉，而為無無無。為如此推衍，安得止期，故以「無無」即表此最高，最後之本體。泰初為無無，屬不可名之最高者。而可言之無即有名，氣雖有名為仍無形無邊界，而為無極。無即而太極，無極為無沒有邊際之說。及無由無既而為物之初始即物之生理，更近氣化之有的階段時。及名為太極。無極為無界域之可言，太極則為物之最高最初之界域，故無極高太極一層。可言之最高為太極，亦即萬物根柢之一。此時無無、無、無極、太極之一，仍保其無形無限性，使自由地落實為各型氣中而為其體。太極及一若有形，則生化之物皆以太極之形為形，則無限可能之道，皆封限成有限之物。以上各層無形非直轉化為有形者。而是無形之太極，仍在有限形物中保其生生無限義，使形物有生生化成不已之作用。然此作用非超越在形氣上不同層次之作用，而是與形氣同以陰陽相生之氣化流行為共同無隔之體質義的作用。亦即非形上之理引發形下氣化，而是形上太極元氣之流行，凝為形氣後，形氣即以為其體性之元氣之生生，為形物之生成變化。

　　太極元氣貫於形氣中，元氣生生忽流行無端，自會化分成陰陽，而陰陽順流行發展，自有相生之趨勢，此皆氣化流行之不得已而不可測者。可言可測者，唯其順陰陽二股相對作用而有的分與合二者；同時陰流行不已故分而又合，合而又分。天地萬物即秉此元氣之陰陽相待而有分與合之「無而有」過程。而此陰陽分合進程為生化之末，陰陽分合有太極而來，亦統歸於太極之中，此則為「有而無」之返本也。

　　──原文發表於「第二屆新子學國際學術研討會」，2015年4月17日

肆　續清代劉鳳苞《南華雪心編》的氣化論

一　前言

　　劉鳳苞，字毓秀，號采九，湖南常德府武陵縣人。生於清道光辛巳年（1821），卒於光緒三十一年（1905），享年七十九歲，著有《南華雪心編》。筆者曾於二〇一五年於上海華東師大先秦諸子研究中心主辦的新子學國際會議，發表《南華雪心編》的道氣論一文，主要討論劉鳳苞的道體即物而存，生生不已之義及其以元氣即太極即一的氣化宇宙論及有無相生為造化等義。今再以此文《南華雪心編》的氣化論，繼續討論氣化一體、運化無窮、命物之化、運化之機、有無皆化等問題，論述以元氣徹上撤下為主軸，並藉由對照理本論與氣本論的學脈，試圖能呈現劉鳳苞對氣化論的看法。

二　氣化即道

　　　　徇耳目則使之內通，是即無聽以耳，聽以心之靈境也。外心知
　　　　則屏除意見，是即無聽之以心，聽以氣之化境也。鬼神來舍，是
　　　　即唯道集虛之功效也。萬物俱化，是即虛而待物之感通也。[1]

1　〔清〕劉鳳苞撰；方勇點校：《南華雪心編》（北京，中華書局，2013年），頁92。

　　莊子將老子外在的、客觀的道，內化為生命的、主觀的道。劉鳳
苞在其道即氣的立場下，對莊子的道，亦主由氣化即道來論述。大道
本渾淪元氣，元氣化生初始狀態即太極、即所謂的一。再由一而分兩
儀四象萬物，由此而生成化育。這套氣化生生的思路，莊子不再視為
理性的宇宙論，而將之全轉化為由人身耳目感官與精神境界，無形與
有形兩間通貫於一氣流行的思路，所以耳能聰目能明，不是只有生理
的作用，此生理作用是以即道即氣的心理為體，而生發的作用。而此生
理與心理又非截然二分的組合，而是彼此即體即用的同一個整體。

　　所以內通，不是生理的內通，而是在元氣凝為形氣，形氣又有各
個耳目之形，此形來自無形元氣，而元氣流行之生生作用，便在各耳
目之形中起用。元氣流行之生生，亦同時化為耳目內在主宰的心，此
心亦非只認知能力的心，而是即道即氣的靈明作用。心雖靈明為體，
認知為用，但落於人身者皆有受到限制，故還需還原到原初元氣渾
淪，流行不已的本體層面，方能確認，由體的元氣化為耳目與心而有
用，但此用本身仍以元氣為體，由體而起用，體與用，耳目心與氣是
同體而異層的一。由此再說萬物俱化，便非萬物互不相涉的各自異體
異質的分化，而是元氣流行的同體異質的分化。異質雖多，其體則
一，自然不礙其感通。

　　　　墮肢體，黜聰明，外忘其形骸，內屏其神知即視聽言動，而守
　　　　之以歸於一，化之以復其天，非別有所謂坐忘，空洞無物也。
　　　　同於大通，徹上徹下，徹始徹終，皆元氣渾淪氣象。雖有形而
　　　　與無形者俱化。雖無形而與有形者相通，方是坐忘本領。[2]

2　〔清〕劉鳳苞撰；方勇點校：《南華雪心編》，頁185。

外在形骸、內在神知，以渾淪元氣為體，故能守之歸一。一指萬物之
所由生處，渾淪指元氣的生化，方有方不有，方生方死，在形氣層面
無法確定指認某必為某的整體狀態。從有形萬物處無法歸一，由貫通
萬物的渾淪處，則可說歸一。歸於氣化的一即是德於氣化的天。有形
者為元氣依陰陽五行各異的比例凝為的萬物。萬物又分外在的形質，
與內在的精神。無形者可指為內在的精神，因形質與精神皆同原於元
氣，所以可俱化無別。無形者亦可指渾淪元氣，元氣與所凝化有形
者，同一本體而只有形與無形之分別亦相通。劉鳳苞此處應是在預設
由天而人的立場下，接續說由人而天，由外形骸屏心知而復於天的過
程。在「復天」的過程中，無形者是指心知，在已經「復天」的境界
中，則無形已是徹上徹下，大通的道，即是元氣。

> 若夫聖人以無形之道為真形，形雖敝而道存，體道者與道俱
> 化，孰測其化之所至哉。[3]

形上本體的道為形下氣化世界的原則，此為上下二分的說法。而劉鳳
苞以為「聖人以無形之道為真形」，此道固由形上本體為永恆遍在說
道為實有，道為真形。然由「體道者與道俱化」知，體道者與道有能
「俱化」的條件。道純是本體，俱化只能是氣化的體或原理。道若是
渾淪元氣，則道既是氣化原理，也是氣化的自身，而即氣即道所生之
人，自然也以氣化原理即道為基本體，也以形氣層的人身為道之實然
顯用。道是通貫上下兩間，人亦能體證上下通貫，如此方能說「體道
者與道俱化」。

3　〔清〕劉鳳苞撰；方勇點校：《南華雪心編》，頁155。

三　運化無窮

> 人無百年不敝之身，執而不化，哀樂之所由生也。化則隨處可
> 以見道，即隨在可以忘形。化為雞，因以求時夜；化為彈，因
> 以求鴞炙；化為輪與馬，因以乘之而不更駕。一體之微，天賦
> 之而天化之，在造物不妨移步以換形，在真人正可以委心而觀
> 化。[4]

人身有敝，緣於元氣流行凝為人身，受其成形，不亡以待盡，生生作
用因凝為形而停滯，遂有始有終，有生有死。然形氣層雖有終始、生
死等有限形式存在，形氣本體之元氣，則仍永恆地、遍在地生化不
已。所以終了又有始，死了又有生，由始終、生死循環不已，以見
「化則隨處可以見道」。又因道即造化流行，所流行者即能流行者，
二者相通，故「可以隨在而忘形」，不會因忘形而遺體，也不會因守
一而遺形。故「一體之微」的「一」，是本體的天也生化的作用。此
「一」統觀地說是造物不已地在移形換步。此「一」由通天人的真人
來說，正可見移形換步既是天造的賦之化之，也是真人自身的化難以
通時夜，化輪、馬以通乘駕的運化流行的無隔。

> 出者化之運動，遊者化之流行，處者化之收斂。[5]
> 見大道無形無象，一切有形有象者接受其陶鎔；大道無無終，
> 一切成始成終者皆歸其運化，接續無窮。[6]

4　〔清〕劉鳳苞撰；方勇點校：《南華雪心編》，頁166。
5　〔清〕劉鳳苞撰；方勇點校：《南華雪心編》，頁192。
6　〔清〕劉鳳苞撰；方勇點校：《南華雪心編》，頁135。

此形上本體的道，其生生作用雖有永恆性、普遍性，然只能是實然形
氣層上的指導原則，實生發形體行為的仍是形下的氣。化故可做形上
本體指導形下生化的原則，但劉鳳苞由運動說化有陰陽相生的作用，
由流行說化有遍在不已的性質，由收斂說化有自身完成的能力。而此
天根所有的出、遊、處等等條件，是由人而說的天根內涵，則此人自
是與大化流行，根柢貫通的人，非與天有隔的人。道本無形象，道即
物而顯，實道與形象，形上形下兩間不能貫通，則道與物為二。若有
形有象者皆道之陶鎔，則道為真實能生物者，非只有為生物的原理。
此時能與道體生生原理一致，且有具體陶鎔萬物功能者，便是提高道
本體位階的渾淪元氣。此時的運化無窮，既有本體的無限生生義，同
時亦存在可言說的時間空間中的實然義。如此的運化非原理原則的運
化，而是造化貫通兩間為一體的運化。

> 精氣所留，便生一物。譬如原泉混混不舍晝夜，分其一勺，少
> 停便成為溝渠。究竟留者自留，動者自動，動者偶留，留者仍
> 動，於泉之本體，初無滯機，此留動所為生生不已。生物者
> 天，物受以成生理，則謂之形。自泰初無無以來，層遞而下落
> 道形體，造之功能畢矣。[7]

「精氣所留，便生一物」的精氣，指渾淪元氣中有種種可能性的陰陽
五行相生相成的比例，本在大化不已的流行中，變動不屈。而生生的
大化，若一有停留，即凝滯為有形者，「便生一物」。如原泉混混，分
其一勺，便成為溝渠。如此說已是將本體與造化視為一體並無分別的
說，而非將本體與氣化分開的說。秦漢的道與氣一，明清之際的氣本

---

7 〔清〕劉鳳苞撰；方勇點校：《南華雪心編》，頁285。

論，皆此說的淵源。道本生生，以泉與道，則泉水自亦混混不舍其晝夜，「初無滯機」。亡而為有初生之端為機，若精氣留為一物，便停滯不再接續生物，則機失去其「由無而有」的「無」，則機亦不能完成其自身為生機矣。由「無滯機」可知，元氣自泰初無始以來，層遞為太極、為萬物眾形，其生生不已之功能，隨時空而在，隨人與萬物而在。時空因之而流行無止盡，人與萬物亦因之而運化無窮。

四　命物之化

> 然太極雖有一之理而尚處於無形，物得此未形之一以生則謂之德。德者形跡所不居，一太極之渾淪也。當其未形，太極忽分為兩儀，在天為陰陽之理，在人即為健順之德，然且流行無間，陰陽互為其根。由合得分，一而奇者兩而偶；由分得合，兩而化者一而神。分合之權操之冥漠之中，則謂之命。[8]

「命」有形上天的道創造生生不已的命令義，有踐德過程中，遭遇非理性所能言說的限制的命定義。有人格神以其意志為主宰的命令義，有由客觀機率決定一切的性或命定說。劉鳳苞所撰的《南華雪心編》所謂的「命」，則屬即道即氣之流行，非人所得為本體宇宙論式的命。

劉鳳苞順著無極而太極的架構，展示他的氣化論。無極為道為渾淪元氣，太極則為數之始，形之源頭的「一」。在未形之前，太極只是一。及落於形氣中即為此形氣能生生之體之德。太極雖在形氣中，仍維持自身的本體性，不為形氣所局限。在此處，太極若為理氣二分之理，則氣化有悖離理而莽行的可能。從劉鳳苞謂道為渾淪元氣的立

8　〔清〕劉鳳苞撰；方勇點校：《南華雪心編》，頁285。

場來看，此太極是理氣一體者，此當受明清以來為反朱救王而有的主
張影響。太極在仍屬無形狀態時，順元氣必然的生生特性，自然分為
兩儀，以為天之理與人之德，天人雖有理與德之分別，其原仍同一太
極。元氣生生使太極生兩儀，兩儀自然亦承其生生原則，流行於天人
之間。於是天有由分而合之理，亦有由合而分的行動。至於「分合之
權操之冥漠之中」知此「權」即太極陰陽相生之理與德，彼此貫通又
流行不已的全體展現。由此說命於人而為人之體的「命」，是既有生
生「天理」，亦有生生人德的命，非只是形上天的命，或只是人格神
的命。而命定義的命，則在化機絪縕而成有形有分時，必然會出現。
銷融此命定限制的工夫，就在通暢其生理與生德，使其回復元氣流行
的初始狀態。

> 勤行者未即與天為一，真人則合漠通微，由乎天地之一氣。有
> 時好之而真人祇見為一，其心未尚者有所迎；有時弗好而真人
> 亦祇見為一，其心未嘗有所拒。一而為一者，能守其宗，不一
> 而一者，命物之化。與天為徒，純一不二，即天道之無始無
> 宗；與人為徒，體物不遺，即天道之成始成終。[9]

「真人則合漠通微，由乎天地之一氣」將合漠通微的道，與天地一氣
用游的行為完成為真人。真人有形故不能只是道，真人雖有形又以道
為體又不能只是人。名之為真人，即如元氣有太極，太極即生二生三
的一，由一再生兩儀四象萬物。而人能守其體其便是真人。此「真」
即來自太極而為真人之體的「一」。「一而為一者，能守其宗」
指大化流行，無終無始的道，為大化所命於人的生生本然，能持守其

9　〔清〕劉鳳苞撰；方勇點校：《南華雪心編》，頁150。

一而不失者，即能「守其宗者」。「不一而一者，命物之化」指「不一」的萬物，皆由此「一」的生化而來。此即「一」之生生原則命於形上氣層後而有的眾形分化。而萬有眾形又秉其自身本有的「一」，繼續再形氣層中分而又分，以至現實上的最大可能為受其成形，必亡以待盡。於是有始必有終，有生必有死。而「一」者運化無窮，故終了又始，死了又生。萬物所以能始終循環無已，皆「一」者所以「命物之化」的實現。只說「一而一者」，只是說本體，又說「不一而一者」，則將本體論化入宇宙論了。

> 珠者，圓妙光明之物，而玄珠則恍惚有象卻又渾淪無質，喻道之真境當以神遇，不當以跡求也。玄珠無形而若有形，象罔有象而實無象，以玄通玄，無心於得，而適然得之，所以為神。[10]

太極命其理於萬物，萬物秉之以生化，而其中能完成此生化過程，萬物能完整自身的作用，是謂「神」。劉鳳苞以恍惚有象，卻又渾淪無質的玄珠喻實存遍在又不可為言語把握的道，「玄」是無生有，有復歸無而成全一物的作用，此作用有隨在化物的普遍性。此物為一玄，彼物為一玄，物之彼此的陰陽五行比例的多寡顯晦各不相同，而物彼此的體性則同為渾淪元氣。所以物與物間，或物與命化之體間，皆不可以跡求其同，而可以皆為元氣隨在隨生的流行求其同。此無方所無時間限制的隨在流行，而隨在相應的作用即為「神通」。有心於得，心受限於得，便失其神遇無方的無限性。若「無心於得」保有人心由生生不已太極而來的無限性，自然可以隨所在，而彼此相應於道，此之謂神。

---

10 〔清〕劉鳳苞撰；方勇點校：《南華雪心編》，頁278。

五　運化之機

> 況大化本無停機，現在已化之形，將來又不知化為何物，吾惟
> 順其所以化，而其所不知化，亦聽命於化機之自來而已。且化
> 不化，倏忽變遷，閃爍不定，方見其形之已化，難保其後之不
> 化，方冀其後不化，惡之其形之已化？明抽暗換，總歸造化運
> 用之神。[11]

「機」為由無形而有形的端萌，造化運行不已，已化之形隨在換為別
形，無形者隨在化為有形者。如此明抽暗換、倏忽變遷的運用者為
神。太極在造化流行的宇宙生發過往中，位階最高，「太極」能無方
所限制的作用為「神」。無形的神能使所遇者具太極之理，而所遇者
稟太極之理而凝為有形者的那一段，便是「機」。由「機」而使有形
者滯於其形而暫時不移便是「形物」。所以由太極而神而機而形物，
如此層遞而下的秩序，即是由無形而有形的說明。此層遞秩序自然與
理氣二分的思路不同。理氣二分的太極與神，雖無形但無氣化義，
「機」雖為氣化發端，但為理本體所指導。

> 無生之初何曾有物，落形氣中，則生機運行，便與陰陽之消息
> 通。自無而有者生之始，自生之死者生之終，有生即有死，一
> 如四時之迭起徇生而終古流行焉。[12]

無生之初只是元氣渾淪流行，通過太極及神化之無方，落於形氣中，
太極仍發其造化萬物功能，便是「生機運行」。生機來自太極的陰陽

---

11 〔清〕劉鳳苞撰；方勇點校：《南華雪心編》，頁178。
12 〔清〕劉鳳苞撰；方勇點校：《南華雪心編》，頁401。

相生相感，生機亦稟此在形氣中，成物之始成物之終，大化隨在流行，則生機亦成物而遍在，大化終古流行，則生機亦如四時之更迭，隨時而成人成物。而太極所涵具的陰陽相生之理，亦因「命物之化」而隨時隨在於形物中，起生機運行的作用。

> 一動一靜，陰陽闔闢之機，萬里所涵，即萬化所出，故動者靜之根。動而有為，皆靜而無為者，運化於無形也。[13]

宋代周敦頤由陰陽動靜說太極圖以來，動靜相感陰陽闔闢生物成物的作用，廣泛為理本論、氣本論、理氣是一等各家所採用，劉鳳苞主張元氣徹上撤下，故雖以道為本體，實際已在運用元氣通貫上下，其所謂的道已深具有氣化宇宙論的條件。理本論的道，雖亦以陰陽闔闢為生化之機，但其陰陽是原理不具有氣化義。氣本論的道則以氣化為體，陰陽闔闢生機的氣化義充足。劉鳳苞由元氣徹上徹下說道，則較屬理氣為一的一脈，既仍以道為最高本體，又以元氣為本體的內涵。道與氣並重，以拯朱與救王，劉鳳苞明顯受此路影響，由機既涵萬理，亦為萬化所出可見出。道與氣二本體又若分解說，自然是二而非一。但由圓融的功夫化境說，道與氣可為同一本體而非一。

六　有無並化

> 自無而有者化也，自有而無者亦化也。無將迎，則道在於我，外化而內不化；有將迎，則心為物遷，內化而外不化。究竟化物而不化於物，不化者與化並行，方是至人神化之功用。[14]

---

13 〔清〕劉鳳苞撰；方勇點校：《南華雪心編》，頁302。
14 〔清〕劉鳳苞撰；方勇點校：《南華雪心編》，頁499。

無而為有，自有而無皆為化。有與無兩間為貫通上下的元氣的兩個層次，元氣在本體位階時是無，其中有陰陽相生的太極之理，所以雖無形仍是「化」。元氣在凝為形氣時，其中仍以太極之理為體，而即體生用，此形氣雖是有，但此有又倏忽變化變動不居，所以有也是「化」。心無將迎，隨在合道，則外物化而「內不化」者即道也。心有將迎，隨物遷移，則內心化於物而「外不化」於物者即道也。如此「化」可由無形與有形對照來說，「化」亦可由生生本體與隨物而遷說，可知化隨在而有，不偏上或下某一邊。化亦需化去陰陽度數之跡，才是整全又流行無間的「化」。

> 化之妙境，即無之真境也。外化而內不化者，化之權在我，能化物者而不為物化；內化而外不化者，化之權在物，化於物而不能化物。究竟化者即不化者之流行，化者自化，不化者一化之所從出也。……化不化兩相摩盪，孰知其所以然？要以其自然者，還之於造化，而無所增益於其間，則將迎之跡俱化矣。[15]

指能「內不化」者即道在人。對外物將迎與否，為外物所化否？「化之權在我」，歸宗守一，不為物遷，自然能使物與道並行。「外不化」者即執著物以為道，內心與物將迎，「化之權在物」，內心失太極之理，以致外化於物。化本於太極之生生作用，此生用流行無間則「化之權」在道也在我。化若一有停機凝滯，則太極生用即有隔有限，此時「化之權」便在物上。「化者即不化者之流行」，指太極為不化之本體，太極即體生用，此用隨在流行，亦隨在生物成物。所生所成者，皆不化之太極之流行也，總括有無兩間說，不化之本體有化之功，所

15　〔清〕劉鳳苞撰；方勇點校：《南華雪心編》，頁543。

化之物有不受化工主宰的可能。兩間摩盪者似難知其所以然。其實掌握化之權在我不在物，便是還之於造化，有無將迎之跡，得以俱泯的「化之妙境」即無之真境也。

──原文發表於「第二屆莊子國際學術研討會」，2017年4月21日

伍　東漢《周易參同契》的氣論

一　前言

　　《周易參同契》一書，作者歷來有不同說法，本文採用為〔東漢〕魏伯陽所著的看法。此書為「萬古丹經之組」將《周易》觀念，用於煉丹中，東漢時儒家衰弱，道家煉丹說開始盛行，本書為煉外丹之著作，外丹鍛鍊主要有鼎爐、藥物、火侯三項，而此三項的鍛鍊次序，以道氣為主體，化生陰陽二氣，經由乾坤坎離先天後天的八卦，十天干十二地支，四方、四季、十二月令，五行的相生、相克、相乘、相侮，二十四節、二十八星宿的相連屬，建構成一整體的氣化宇宙論，及至宋代外在修煉，轉成內丹心性修煉，開始重視元氣流行的本體論，相對宋明理學的心性道體論，此書有其開源發展的作用。《周易參同契》一書，歷代傑出研究甚多，故本文僅由元氣流行的思路，做一初步的探索。

二　道、氣、易

　　《周易參同契》主要在建構宇宙中，天地日月四季四方運行不已的架構、規律及不已地變化的發展性。作為宇宙原初及發展過程的立論根據，是以必然如此的道，變化不已的易，及可以包含、承載、完成道、易等規則時令等思維做理論基礎。以下即分別說明：

　　乾坤者，易之門戶，眾卦之父母。坎離匡廓，運轂正軸。[1]

乾坤兩卦是《周易》六十四卦的基礎，乾屬陽象天，坤屬陰象地。天地間各種有形與無形的事務，在乾坤的交互作用，展無窮的變化。在先天八卦中，離為火在東，坎為水在西。乾位在南，坤位在北，離位在東，坎位在西，如城廓環繞。而萬物陰陽的不同生發，如同車軸在車轂中，因車轂內在虛空，所以車軸可以自由不已的旋轉。喻萬物皆在乾坤坎離所築的城廓中，如軸在轂不已生發。

　　　天地設位，而易行乎其中矣。天地者，乾坤之象也。設位者，列陰陽配合之位也。易謂坎離。坎離者，乾坤二用。二用无爻位，周流行六虛。往來既不定，上下亦無常。幽潛淪匿，變化於中。包囊萬物，為道紀綱。[2]

道為紀綱，指陰陽變化為道永恆的規則，規則內容是永遠簡易、變易、不易的易道。而天地為乾坤的象徵。陰陽相生相成，形成萬物各正性命的各種型態。以坎離為水火，為化生萬物的基礎，且水火相生不已。所以乾坤以坎離為作用，本身無形無爻位可象，反因無爻位可以做為任何爻位變化的根本。亦即「周流行六虛」、「往來不定」、「上下無常」，所以萬物在天地間的往來上下，幽潛淪匿，變化不已，當以乾坤坎離在陰陽互相作用，為之紀綱。「上善若水，清而无瑕。道之形象，真一難圖。變而分布，各自獨居。」[3]道無形象，以天地為

1　〔漢〕魏伯陽撰；〔五代後蜀〕彭曉注：《周易參同契分章通真義》（成都：四川人民出版社，1997年），《諸子集成補編》卷九，頁357。

2　《周易參同契分章通真義》〈天地設位章第七〉，頁359。

3　《周易參同契分章通真義》〈陰陽為度章第六十三〉，頁380。

乾坤之象，乾坤以坎離為陰陽生成的作用。若要具象化無限遍在而各自完整的道。可由乾坤為道之象徵，男女為道之形體來說。形與象為真一元氣所生，而真一元氣無形，亦即元氣即道。

> 易者象也，懸象著明，莫大乎日月。窮神以知化，陽往則陰來。輻湊而輪轉，出入更卷舒。易有三百八十四爻，據爻摘符，符謂六十四卦。[4]

易指陰陽或日光、月光相互作用產生三百八十六爻的各種變化，此為其變化多元性。變化又如日月昭昭著明，為易之形體性。天地的陰陽變化，陽氣往主生，陰氣來主成，變化莫測，為易之神妙性。易之陰陽生成萬物。如車輻集中於軸心，可以向前轉動，喻萬物皆在陰陽作用中，不斷生成不已。見易之生生不已性。具體說，易有六十四卦，每卦六爻，每爻是陰陽相生不同狀態，共有三百八十四爻。即陰陽生成有三百八十四種可能。根據陰陽不同的爻位，說明在卦中不同的情狀。如每月初一開始為屯、蒙二卦，既濟、未濟為每月三十日。以初一的屯卦初爻，當值子時，屯卦的二爻當時丑時。由陰陽說易卦在時間上有不已的升降變化。

> 動靜有常，奉其繩墨。四時順宜，與氣相得。剛柔斷矣，不相涉入。五行守界，不妄盈縮。易行周流，屈伸反復。[5]

「易行周流」指易藉著屈伸反復，往來上下在任何時間、空間中，沒有限制地流行生成萬事萬物。易行是按動靜戶為其根的準則進行。並

4　《周易參同契分章通真義》〈易者象也章第六〉，頁360。
5　《周易參同契分章通真義》〈動靜有常章第四十五〉，頁374。

與春夏秋冬四時氣候變化配合。如春夏陽氣漸長主持生，秋冬陰氣漸長主張成。易要與一氣的流行相應。煉丹時陰多要用武火，如子時用武火，陽多時要用文火，如子時進武火，午時用文火。五行的木在東為春，火在南為夏，土在中為季夏，金在西為秋，水在北為冬，四季運行秩序與四方位置相配合，時間秩序與空間方位相應，又各正其性命，各有其主體性。彼此有聯繫性，又互建構成一整體的天地，此乃「易行周流」之特色。「聖人不虛生，上觀顯天符。天符有進退，詘伸以應時。故易統天心。」[6]天符指日出月落，晦沒朔出，春去秋來，日月在天地間的變化，雖然因季節不同，早晚各異，方位互換而有不同的月令、節氣等。而此等變化皆陽氣升陰氣降的原則所決定。如復卦指十一月建子，時為冬至，位置在北，此時陽氣由坤卦六爻全陰，進為復卦的初爻為陽，象徵一年的開始，陽氣初顯，故曰「易統天心」。

> 大易情性，各如其度。黃老用究，較而可御。爐火之事，真有所據，三道由一，俱出徑路。[7]

姓氏本質，情是發用，「大易情性」指易的本質是陰陽生生，發用為天地萬物，而四時五行各成其為四時五行皆易道的實現。黃帝屬土，故號黃帝，老子為道家之首，黃老之道亦用意來推展。大易運行，終而復始，亦可用於爐火煉丹之時。如子時近武火為復卦，進至丑時進武火為臨卦，至卯時不進火不退火為大壯卦。至午時一陰始生用文火為姤卦。至酉時不進火不退火為觀卦，至亥時用文火為坤卦，卯酉時不進火不退火為「沐浴」指陰氣陽氣平衡。「三道由一」知大易、黃

---

6 《周易參同契分章通真義》〈聖人不虛生章第十二〉，頁361。
7 《周易參同契分章通真義》〈大易情性章第八十五〉，頁391。

老、爐火三事雖不同，實皆大易陰陽性情的實現。「聊陳兩象，未能究悉。立義設刑，當仁施德。逆之者凶，順之者吉。」[8]此延伸「屯以子申，蒙用寅戌」二句說，兩象指屯蒙二卦。屯☳☵，內卦是震，納支是子，外卦是坎，納支是申，所以說「屯以子申」指一日之晨。蒙☶☵，內卦是坎，納支為寅，外卦艮納支為戌，「蒙以寅戌」指日之暮。用屯蒙二卦表一日之旦暮，餘卦亦依陰陽循環推示。由午至酉至亥，陰增用文火，由子至卯至四，陽增用武火，不可違逆。由午至亥退火為陰如設刑，由子至巳進火為陽如施仁德。

> 於是仲尼讚鴻濛，乾坤德洞虛。稽古當元皇，關雎建始初。昏冠氣相紐，元年乃牙滋。[9]

「鴻濛」陰陽未分，混沌不明前的狀態指元氣，元氣有根源性、流行性、升降性，即整全一體等性質，氣化宇宙由元氣開始生成發展。元氣即太即，無限無形的太極，分而為陰陽二氣為乾坤，乾坤具象化後為天地。元皇為最早的開始為無形無限的元氣，具體人間象徵開始並能有所成就的婚禮、冠禮，則為陰陽二氣交感而有。

> 物无陰陽，違天无無。……稟乎胞胎，受氣元初。非徒生時，著而見之。及其死也，亦復效之。此非父母，教令其然，本在交媾，定置始先。[10]

上段由天地言元氣為天地之始，此段著重在人身亦由元氣而來。陰陽

8　《周易參同契分章通真義》〈聊陳兩象章第四十三〉，頁373。
9　《周易參同契分章通真義》〈於是仲尼章第十一〉，頁360。
10　《周易參同契分章通真義》〈物无陰陽章第七十三〉，頁385。

二氣由天地而人，仍是受身成形的胞胎。人身初始即受元初祖始的真一元氣而有。人生死為元氣所成，元氣聚而有形，人死後仍是散歸於無形的元氣流行狀態。此乃包括整個天地萬物生成消亡的各種狀態，皆元氣的流行著明，元氣先天以固存，非後天人為所能為。

> 陽燧以取火，非日不生光。方諸非星月，安能得水漿。二氣玄且遠，感化尚相通。何況近存身，切在於心胷。陰陽配日月，水火為效徵。[11]

用凹面鏡取日光為火，用方諸在月光下取露水，已將無形作用的陰陽二氣具體為生活的工具。由元氣二分的陰陽二氣，由生成作用，具體化為日月，再由日月降為生活中的水火，再由水火生成木金，再將金木水火收歸土。土為陰氣承載流行變化不已的金木水火等陽氣，共構成一元氣流行不已的宇宙。此為元氣流行見其整全一體性。「神氣滿室，莫之能留。」[12]此則指真一元氣流行充滿鼎爐內，若莫能固守神氣於鼎爐內，則外溢成害，知元氣盛滿發動不已的特色。

> 以无制有，器用者空。故推消息，坎離沒亡。[13]

「無」可指混沌二分，陰陽二分時最初的元始一氣。此由《老子》「有生於無」概念而來，無不是沒有，而是元氣未分尚無形無質的狀態，即元氣二分化為可描述但仍無形的陰陽乾坤，再化為有形且有質的天地。此為真一元氣「由無而有」的基本設定。「由無而有」開放

---

11 《周易參同契分章通真義》〈陽燧取火章第六十五〉，頁381。
12 《周易參同契分章通真義》〈旁有垣闕章第二十六〉，頁366。
13 《周易參同契分章通真義》〈以无制有章第八〉，頁359。

性明顯，「由無制有」則特別指在鼎爐器具中的陰陽變化。如「坎離沒亡」指坎中陽爻為有，填入離中陰爻，化坎為乾，坎陰沒亡。離中陰爻填入坎中陽爻，化離為坤。即坎中陽消亡，成就乾卦，為「以無制有」，離中陰消亡，成就坤卦，亦是「以無制有」。「上德无為，不以察求。下德為之，其用不休。上閉則稱有，下閉則稱无。」[14]此亦承《老子》上德無為指道體無限，上德有為道限制成有限概念而來。「上閉則稱有」指坤卦中陰入乾卦中爻，使乾化為離。乾無爻位為無，離有爻位則為「有」。「下閉則稱無」指乾中陽爻入坤卦化為坎，坎中得此陽爻，但仍無為不動，故為「無」。此段藉氣化由無而有的模式，代入坤化坎為無，乾化離為有，先天乾南坎北，取坎填離後，可轉為後天離南坎北，亦氣的有無互相為用。

三 乾坤、陰陽、天地、日月

> 乾坤剛柔，配合相包。陽稟陰受，雄雌相須。須以造化，精氣乃舒。坎離冠首，光耀垂敷。玄冥難測，不可畫圖。聖人揆度，參序元基。[15]

乾為全陽，陽氣生生不已，故喻剛健。坤為全陰，陰氣完成不已，故喻柔順。乾為天在上，坤為地在下，乾陽由上而下施氣，坤陰由下而上承接，乾坤上下相合生成天地，此由二氣生化天地說。由個體能完成說，仍是陽氣施予陰氣接受而成事物。如乾施坤受，坎離相交等。而「精氣舒布」乃元精之氣舒發於由無而有，由有而無相生相反而相成的造化中。乾坤的發用透過坎、離二卦來展現。因離為日，日由乾

---

14 《周易參同契分章通真義》〈上德无為章第二十二〉，頁364。
15 《周易參同契分章通真義》〈乾坤剛柔章第四十一〉，頁373。

而來，坎為月，月由坤而來。因為做主體的乾、坤沒有爻位，做為乾、坤發用的坎、離代表無爻位的無形乾、坤，為保留其生成不已性，也不固定在某一爻位上，方便坎、離周流六虛，並生成六虛。所以六十四卦除乾、坤為純粹無形作用，坎、離已可象徵體與用，無與有可交互生成上下的最初階段，由坎、離二用無爻位，只對於諸卦之首得出。坎、離為元氣化由無化有的「化」的位置。由丹道逆反成仙的規則，亦要由六十四卦逆反於坎、離二卦，才可上升到無形無質的乾、坤層面。

> 物无陰陽，違天背无。牝雞自卵，其雛不全。夫何故乎？配合未運，三五不交，剛柔離分。施化之精，天地自然，猶火動而炎上，水流而潤下。非有師道，使其然也。[16]

陰陽由本體元氣層說，陰陽無形生成的作用。陰陽用在卦象層說，陰陽變化的種類上下、方向、速度，可被諸卦分別的說明定義。但在卦象中的陰陽，仍保有本體元氣層的無限無盡的生成能力。所以說「牝牡四卦，以為橐籥。覆冒陰陽之道，猶工御者準繩墨。」[17]陰陽生成可為萬物之繩墨規矩。但陰陽生成，亦有過與不及的可能，如「牝雞自卵，其雛不全」孤陽不成，孤陰不生的可能。如三五不交，剛柔分離，水一與火二與土五交合，剛陽與柔陰不相合。如乾卦全陽無陰，坤卦全陰無陽，但乾坤統合太極元氣一體，所以似有分，實未分，十二消息卦，四月乾卦全陽，但一氣流形至五月姤卦，一陰又初爻升起。坤卦六爻全陰，但至十一月復卦，又有陽爻從初爻生起。可知在一氣流形中，為體能成用，故在元氣中設定有陰陽二氣化為乾坤天

16　《周易參同契分章通真義》〈物无陰陽章第七十三〉，頁385。

17　《周易參同契分章通真義》〈牝牡四卦章第二〉，頁357。

地。但由用中見體，任何用皆因有陰有陽而用皆不同，陰再多中也有陽，以陰顯陽隱。陽再多中也有陰，以陽顯陰隱。具體的例子，如日出則月落，不是月不見而是隱匿起來。月落則日出，不是日不見而是顯匿起來。此乃整體有或顯或隱，若說火性陽必炎上，水性陰必潤下，此乃分別由個體說陰陽二氣有或顯或隱的分別。陰陽有升降、顯隱、多寡，仍是「天地自然」也。

> 天地設位，而易行乎其中矣。天地者，乾坤之象也。設位者，列陰陽配合之位也。[18]

由宇宙生成說，先有元祖真一之氣即太極，一氣內蘊陰陽二性質，相生相成而有氣化流形，首先生天地，天地再生四季、五行，再生萬物，其中天地是由具體說，若天地由卦象說便是乾坤。所以由生成實體過程是元氣→陰陽二氣→天地→萬物。由生成符象說，是元氣→陰陽二氣→乾坤（天地）→萬物。故乾坤是天地的符象，天地是乾坤的實體化，不論符象的乾坤，或實體的天地，內在均為生成無盡的陰陽二氣。進至有形層次說，無盡的陰陽二氣的生成，使具體有形質的天地，仍可在時空不停的變化中，所謂的有形有質的天地、萬物，亦在永恆遍在的陰陽二氣的作用下，形、質、象亦永在變化中，不會有稍停的可能。

> 上察河圖文，下序地形流。中稽於人心，參合考三才。動則循卦節，靜則因象辭。乾坤用施行，天地然後治。[19]

18　《周易參同契分章通真義》〈天地設位章第七〉，頁359。
19　《周易參同契分章通真義》〈元精眇難覩章第十六〉，頁362。

河圖是表現陰陽在方位上的陰陽變化，即其五行，易卦生數成數合表的圖式，河圖內圈一點白為北生數一，二點黑為南生數二，三點白為東生數三，四點黑為西生數四，最內圈五點白為中土生數五。外圈六點黑為北成數六，七點白為南成數七，八點黑為東成數八，九點白為西成數九，最內圈十點黑為成數十。從方位看，內圈西南黑點為陰方。內圈東北白點為陽方，外圈西南白點為陽方，東北黑點為陰方。最內圈白點五黑點十為中立。從煉丹鉛汞說，北為汞，為水為精為腎為耳。南為火（木炭入爐）為神為心為口。東為木為魂為肝為目。西為鉛，為金為魄為肺為鼻。內圈為土為意。從天甲看北為壬癸，南為丙丁，東為甲乙，西為庚辛，中為戊己。中土為坎中納戊，離中納己。〈河圖〉表天道的變化，〈洛書〉表地道的陰陽變化。一點白為北，二點黑為西南，三點白為東，四點黑為東南，五點白為中土，六點黑為西北，七點白為西，八點黑為東北，九點白為南。由陰陽二氣流行說，氣始於東方木，天干為甲乙。氣右行轉為南方火，天干為丙丁。再轉至中央土，天干為戊己。再轉至西方金，天干為庚辛。氣再轉北方水，天干為壬癸。可知陰陽二氣流行於天干，東南西北中等時間秩序與空間方位中。人要循卦節，陽氣動時進陽火，陰氣靜時循爻辭退陰符，則使天地人三才在陰陽二氣的流行中，統合為一體。

> 陰陽為度，魂魄所居。陽神日魂，陰神月魄。魂之與魄，互為室宅。……乾動而直，氣布精流。坤靜而翕，為道舍廬。剛施而退，柔化以滋。九還七返，八歸六居。[20]

由元氣來的陰陽二氣，推動日月按時辰度數行進。同時東方為陽氣的日出處，故以陽神為魂。西方為陰氣的月出現處，故以陰神為魄。陽

---

20 《周易參同契分章通真義》〈陰陽為度章第六十三〉，頁380。

魂屬木，陰魄屬金，將東西方位與日月與五行之木金與人之魂魄，在秩序與意義上建立與陰陽二氣的架構。乾為陽氣發動直接流行天地間創生萬物，因元氣無所不在，故陽氣能流行遍在。坤為陰氣，因柔順故能容受陽氣布施而成就天地萬物。能乾陽施坤陰成的萬物，為道之所有。

「九還七返，八歸六居」，因北方為天一生水，有生數但無成數來配合相成，所以要地六成水於北，使與天一合而為水。南方為地二生火，有生數但無成數來配合，所以要天七與合而為火。東為天三生木，有生數但無成數配，所以地八成數合而為木。西為地四為金，有生數但無成數來配，所以用天九成數合而為金。中土為天五，有生數但無成數相配，所以用地十相合為土。於是東、南、西、北、中五方各有屬陽的生數與屬陰的成數組成，每一方位皆陰陽二氣依不同方位時間有不同的陰陽或多或少的比例，形成不同的季節與方位。回過頭來看，西方金成數為九，還其原本生數，則為生數四，此「九還」，南方火成數為七，返其原本生數，則為生數二，此「七返」。東方木成數為八，歸其原本生數，則為生數三。北方水成數為六，因生數成數皆由北方開始，故水為居其本位，去掉生數則為生數一。中間為土，成數為十，去掉生數，則回到生數五。生數要加成數，在於東木、西金、南火、北水中皆要因陽二氣共有，才成其為東木、西金等。成數要減去生數，還其本來生數，表示成數由生而來，如北水先有天一再合生地六，南火先有地二再合成天七等。同時北方水為坎為天一地六，南方火為離為天七地二，東方木為震為天三地八之數，西方金為兌為天九地四之數。可知陰陽二氣可流行分布於生數成數，四卦、五行、四季等表示天地日月運行的各種圖式中。

　　坎男為月，離女為日。日以施德，月以舒光。月受日化，體不

虧傷。陽失其契，陰侵其明。晦朔薄蝕，掩冒相傾。陽消其
形，陰凌災生。[21]

坎卦為水，其中爻為陽為陰卦，故其中爻雖為陽為男，仍稱「坎男為
日」。離卦為火，其中爻為陰為陽卦，故其中爻雖為陰為女，仍「離
女為月」指陰卦中有陽氣，陽卦中有陰氣。陰陽除共存互生於坎離
外，日表陽氣發散失德，月表陰氣接受陽氣而受日光生明，但月本身
無所虧損，表示陰陽二氣雖共存共生，唯陽氣如日主剛健發散，陰氣
如月主柔順容受及完成。陽唱於先，陰和於後，陰陽二氣先後秩序如
日先出後月出一般。反之，陰強陽弱，如晦三十與朔初一間，日陽氣
與月陰更相替換，陰氣取代陽氣則災害生，此亦陽氣剛健以陽為主，
陰氣柔順以陰為輔的說法。

坎戊月精，離己日光。日月為易，剛柔相當。土王四季，羅絡
始終。青赤白黑，各居一方。皆稟中宮，戊己之功。[22]

坎二陰中有一陽，坎為月，中有一陽是月受日光。坎納支為戊之陽
土，月中有日，陰中有陽，陰陽互相作用下「坎戊月精」形成丹藥
「離己日光」離二陽中有一陰，離為日，中有一陰是汞，離納支是己
之陰土。日中有汞，陽中有陰，陰陽互為其根下「離己日光」形成丹
藥。陽日光與陰月精在土之戊己中交互作用形成丹藥。或說離中一陰
為月魄，坎中一陽是日光，在十五望月，坎離互相換位，變成日西落
月東升的時刻。東西交會於中土，此時坎中之陽與離中之陰交會於
中，所以同時坎納戊，離納己，日月同會於中土，表示修丹之功完

---

21 《周易參同契分章通真義》〈坎男為月章第七十四〉，頁385。
22 《周易參同契分章通真義》〈言不苟造章第九〉，頁359。

成。「土王四季」十二支為子丑寅卯辰巳午未申酉戌亥，其中寅卯為春東辰為土，巳午為夏南未為土，申酉為秋西戌為土，北亥子為冬北丑為土，亦即本屬春之辰回土，屬夏之未回土，屬秋之戌回土，屬冬之丑回土。使東南西北皆為中土向四方的延伸，東南西北亦因土之主宰，而其共成一包括四方的整全的土。「青赤白黑，各居一方」而四方又各有其主體獨立性。可知一氣在方位上順北東南西流行後歸於中土。在時間上，除順任春夏秋冬運行外，亦將屬春之辰，屬夏之未，屬秋之戌，屬冬之丑等地支，歸於中土。使十天干的東甲乙，南丙丁，西庚辛，北壬癸等不同時節皆歸於中宮的戊己。如此氣流行於東南西北，春夏秋冬，天干地支等模式，皆以中土、中宮為主持分濟者，此一亦在於無形的元氣太極，已具體化為有形有象的中土、中宮的圖式。

四　天干、地支、納甲

> 子午數合三，戊己號稱五。三五既和諧，八石正綱紀。……黃土金之父，流珠水之母。水以土為鬼，土鎮水不起。朱雀為火精，執平調勝負。水盛火消滅，俱死歸厚土。三性既合會，本性共宗祖。[23]

子為地十二支之首方位為北，卯為十二支第四位，方位為東。午為十二支第七位，方位為南。酉為十二第十位，方位為西。子位為天干壬癸，卯為天干甲乙，午為天干丙丁，辰為天干庚辛，戊己為中土。子為水生數一，午為火生數二，合數為三。戊己在十天干中居中土位

23　《周易參同契分章通真義》〈子午數合三章第三十一〉，頁368。

置，土生數五成數十。坎為水為陰中有一陽為戊土，離為水為陰中有
一陽為己土，故坎離為火交於中土而有用。戊土己土皆生數五，故號
稱五。地支子午合數與天干戊己土合數，表示水火與中土相配合；坎
離於中土交會發揮作用，即陰氣與陽氣順天干與地支的時節流行與合
會。五行相生中，土生金，水生木，同時亦含木生火，火生土，金生
水三者。子午、戊己二句指南北會於中，金交水同句則將東西方位，
也納入陰陽二氣流行四方的架構中。五行又存相乘相侮的關聯，如土
克水，但若水多可使土流動，以為「相侮」土能克水，若水微弱逢土
壤堅實，水反為土克，此為「相乘」。此由水土除相生剋外，尚有相
乘、相侮關係，喻陰陽二氣的流行，有生克乘、侮等各種可能多比例
不同的可能。「朱雀為火精」朱雀為離卦為南方，表示陽氣最旺，能
主持水火土的平衡，如火可生土，火可發水。「水盛火消滅」，火能燒
水為氣體，此為相侮，唯水盛能克滅火，知水能克火，土又能克水。
同時水多侮土，水弱則土強。水火無具死歸厚土，原則性的陰陽二氣
流行的多種變化在土中實現其具體性。「三性」喻陽氣的火與陰氣的
水，會合成具體的土中，土再生出金木，只由陰陽而五行的整全結
構。土乃「本性共宗祖」者也。

> 子當右轉，午乃東旋。卯酉界隔，主定二名。龍呼於虎，虎吸
> 龍精。兩相飲食，俱相貪便。遂相銜嚥，咀嚼相吞。[24]

從坐北朝南看，子在北左轉到東，再轉至南，再右轉到西，唯煉丹行
火運氣的方向則相反，亦出順天生人，逆天成仙。由天之無凝為人之
有，再由煉丹修養，由人之有回復到天之無的真一元氣的初始狀態。

---

24 《周易參同契分章通真義》〈子當右轉章第六十九〉，頁384。

「子當右轉」由北之子時，由北而西西；再轉至南方的末時。「午乃東旋」南方午東旋逆轉，至東卯，再轉回至北方。仰觀是由子右轉至午，俯看是由子而左旋至午。仰觀與俯看角度不同，而有右轉，左旋的不同，意指陰陽二氣既流行於天上為日月運行，亦流行於地下，而有四方方位的不同，使四時，四方的架構非固定不變的而是各有主體性，只有互相連續的秩序性。如東的春夏秋冬的時序，南則為夏秋冬春。「卯酉界隔，主定二名」卯在東方，酉在西方。卯為木本為主位，酉為金本為客位。因子當右轉，由北轉西轉南，使本為客位為西金轉成主位。因午乃東旋，由南東施至東而北，使本為主位東卯轉成客位。東卯西酉主客互換，表示除坎中有陽離中有陰的互為表裏外。東陽與西陰在方位亦可互換，陰陽二氣在方位、時間、內外、順逆等層面皆可彼此流通互輔以見元氣的無限性、流行性與完整性。「龍呼於虎，虎吸龍精」龍為東為卯為木，龍呼乃吐卯木真汞之氣給西方西金真鉛之氣，使汞鉛合成金丹。亦即東方之氣可吐向西方之氣。如金本能克木，若木堅實金反為木克。虎為酉金，能吸收東卯木之氣，轉化體質為主位，卯木之氣為金酉吸收，卯木反成客位，可知陽龍木之氣吐入陰虎金，使陰虎之氣成主體。陰虎之氣吸入龍木之氣，使龍木之氣成客體。主客可易位，亦陰陽二氣藉主客互換，而彼此成就其為「龍中有虎，虎中有龍」的龍虎交媾構成一體，成金丹之黃。「龍西虎東，建緯卯酉。……子南午北，互為綱紀。」[25]龍居東為木，虎居西為金。煉丹則方向相反。由東自南乾之天左旋至西酉再至北坎，使龍由東轉成左西。由坤北之地右轉而至東卯，使虎由西轉成東。此陽之東可轉為陰之西，陰之西可轉為陽之東。由方位說有東西方位的不同，由整體說東西皆元氣內自我運動的體性。子為後天坎卦為地向右

25　《周易參同契分章通真義》〈剛柔迭興章第七十七〉，頁386。

旋轉，至南方，午為後天離卦為天自南向左旋轉至北方。知子時陽氣
於北一方升起，右轉至南，午時陰氣升起左轉至北。陰陽兩氣，除可
在東西互換，亦可在南北方互換，如此展示東西南北皆元氣流行遍在
之義。

五　五行

> 丹砂木精，得金乃并。金水合處，木火為侶。四者混沌，列為
> 龍虎。……肝青為父，肺白為母。腎黑為子，心赤為女。脾黃
> 為祖，子五行始。三物一家，都歸戊己。[26]

五行的木火土金水，對應東、南、中、西、北的方位，對應春、夏、
季夏、秋、冬的季節，對應震、離、坤、兌、卦的卦象。對應肝、
心、脾、肺、腎的五臟，對應目、舌、口、鼻、耳的五官。對應角、
徵、宮、商、羽的五音，對應筋、脈、肉、毛皮、骨的五體，對應
風、熱、濕、燥、寒的五候，對應蒼、赤、黃、白、黑的五色，對應
酸、苦、甘、辛、脾的五味，對應怒、喜、哀、悲、恐的五志，對應
貌、視、思、言、聽的五事，呼、笑、歌、哭、呻的五聲，對應握、
憂、噦、咳、栗的五病，對應仁、禮、信、義、智的五德。其中方
位、季節、顏色、聲音為天地，五臟、五官、五體為人體，五聲、五
病、五志、五事為人體無形質的對以界的溝通，五體則為人體有形質
的與外界溝通者。可知元氣流行於天地間。人體的，天地與人在有形
者可流通處，與在無形者的情意處，皆有能於，無有、內外、上下、
左右、全體，流通的層面，展示陽氣前進陰氣完成，無有止息的生成

---

26 《周易參同契分章通真義》〈丹砂木精章第七十六〉，頁386。

化育萬物。丹砂居火，由木西生火，故丹砂之火為木之精華，汞居東，汞由東木入於南火中，故謂汞為木之精。此由居東之震卦，由一陽升為有二陽的離卦，表陽氣漸盛。而木之精即離火，因火能克金，所以火與金合併。表示陽氣盛的木火，可與陰氣盛的金水有發展的連接，能連接原因在於火能克金，陽氣能制住陰氣的緣故。居西的金又能生居北的水，在節令上是由秋而冬，在方位居西與居北都居於由春夏陽氣而來的陰氣，故金能與水合，亦可說水中藏金。「金水合處」指西北為陰氣聚集處，西為兌卦北為坎卦，西為肺北為腎，西為肺中之魄，北為腎中之精。「木火為侶」指東南為陽氣盛發處，冬為震卦南為離卦，東為肝，南為心，東為肝中之魂，南為心中之神。時序順東而南而西南北前進，肝亦與心與肺與腎依序而相生，相反而相成。主要由中土的意主持各異又相生的連接。如春夏陽氣行至秋冬陰氣，如此循環不已，乃元氣自身周流六虛的展現。「子五始行」指東方青色為肝之氣，西方白色為肺之氣，北方黑色為腎之氣，中土黃色為脾之氣，東南的陽氣與西北的陰氣會歸於土氣中，肝會與心氣、肺氣、腎氣歸於脾氣。西土旺四季，中土脾主宰人體的消化與運輸，所以說「脾黃為祖」是在確立陰陽二氣兼具的土氣，能推行四方之氣的運行。「子五行始」指子為北為水，由西之金來，水又生東之木，水為五行運行的開始，與居水的平時為地支開始一致。指一氣在同一時間、空間中開始運行，至於其他不同的時空中。金水為陰氣，火木為陽氣，同在有陰戊陽己的土之氣，會合成功。

　　慈母育養，孝子報恩。嚴父施令，教敕子孫。五行錯王，相據以生。火性銷金，金伐木榮。三五與一，天地至精。[27]

---

27 《周易參同契分章通真義》〈太陽流珠章第六十八〉，頁383。

煉丹中，鉛與汞相熔。使固體的鉛與液體的汞，因進陽火而炎成氣體後，再用陰火漸凝為黃芽丹藥。由子時陰多時進陽火，至午時陽極盛再用文火亥時，又回至陰多成固體的狀態。而「慈母」指用文火再鼎爐中溫養鉛汞二藥物，「嚴文」指用武火燒煉鼎爐中鉛能制伏汞的狀態。「五行錯王」指五行本水生木、木生火、火生土、土生金、金生水，亦即木氣、火氣、土氣、金氣、水氣輪流於春夏秋冬季節中，各為當時空的主宰盛發之氣。煉丹將五行相生秩序顛過來。如木本生火，卻反過來說，南離火生東木液。金本生火，反過來說西金由坎水而生。木生火、火生木。金生水，水生金，指木與火，金與水互為生生的根源，從秩序上有木生火，金生水的秩序，由一氣流行整體說，實無先生後生的差別。若火有單向生出的秩序，則水衰而後木旺，木弱而後火旺，火弱而後土盛，土衰而後金旺，金弱而後水旺。如此木火土金水各旺其主體性而無連居，則五行非一氣之連通，反成獨立的五氣，失之偏狹單薄，或為木氣只有木氣，既無水氣之來，亦無火氣之生。故「五行錯王」非五行輪流單獨旺盛，而是各旺有其源亦存其流，五行連成一氣不已的循環前行。旺時是顯，不旺時是隱。如火時是顯，木金水土是隱。「火性銷金，金伐木榮」指南方離火盛可消鑠西方的金，此為南方陽氣開始入於西方的陰氣，使陽入陰中。火不只能克金，火亦能入金中，使陰中有陽。表明任一事物中皆由陰陽二氣而形成。從煉丹說，火能克金，使金中有火，能使鉛復融為水。成為鉛化為汞的循環。金能克木，木因金克反有木器之用。從煉丹反過來看，東木龍由南離火中煉出，西金虎是由坎水中煉出。金克木，便是用北坎水所生的西金，克制用南離火所生的東木。使居陽氣的木火一組，與居陰氣的金水一組，亦有陰陽不可分割的一氣的整體性。如此生數二的火與生數三的木為一五，生數一的水與生數四的西為一五，土生數為五，故為三個五，唯此三個五，其構成完整一氣流行的架

構。從煉丹說，南火生東汞，北水生西鉛，鉛能制汞而成丹藥。

> 升熬於甑山兮，炎火張設下。白虎唱導前兮，蒼液和於後。朱
> 雀翱翔戲兮，飛揚色五彩。[28]

此段指煉丹時，將鼎器置於爐火上，從子時陰氣多時，開始用武火，順質辰巳進火加溫。此時唯木炭在下燒為火，為木生火。而鼎器中，為坎水所生的真金即鉛，與離火所生的木液即汞。本來居東方的汞應在前，居西方的鉛應在後。因煉丹次序倒反所以變成西方白虎唱之於前，東方龍汞和之與後。如此使西金精在前，東木液在後，使先天的陽先陰後，加上煉丹的先陰後陽。如同陽氣可為先亦可為後，陰氣可為後亦可為先，即一物中陰陽互為先後以生，煉丹中，鉛汞亦可互為先後，汞可化鉛，鉛可制汞，共成丹藥。

六　八卦、坎離

> 既未至晦爽，終則復更始。日辰為期度，動靜有早晚。[29]
> 朔旦屯直事，至暮蒙當受。晝夜各一卦，用之依次序。[30]

《易經》六十四卦，每卦六爻共三百八十四爻。坎、離、震、兌四正卦象春夏秋冬四時，每卦六爻計二十四爻像二十四節氣。除坎、離、震、兌象北南東西外，其餘六十卦，每二卦象一日的晝夜。六十卦起於屯卦象一日之晝，蒙卦象一日之夜。推至最後既濟卦象三十日之

28　《周易參同契分章通真義》〈升熬出甑山章第八十一〉，頁389。

29　《周易參同契分章通真義》〈既未至晦爽章第四〉，頁358。

30　《周易參同契分章通真義》〈朔旦屯直事章第三〉，頁358。

畫，未濟卦象三十日之夜。復至下日初一日又為屯卦當值初一之日，蒙卦當值初一之夜，如此反覆循環不已。由三十日為一月，十二月為一年，每月有一卦，為十二消息卦，以子對應復卦十一月為一年之始，丑對應臨卦為十二月，寅對應泰卦為正月，卯對應大壯卦為二月，辰對應夬卦為三月，巳對應乾坤為四月，午對應姤卦為五月，未對應遯卦為六月，申對應否卦為七月，酉對應觀卦為八月，戌對應剝卦為九月，亥對應坤卦為十月。坤卦陰氣而陽氣隱，再進至第二年的十一月復卦，又是陽氣漸起之時，如此循環不已，每復一年，陽氣起於子時復卦，盛於巳乾卦，陽氣極盛。陰氣起於午時姤卦，至亥時坤卦而陰氣達於極盛。十二消息卦乃表示自陽而陰，由陰復陽的二氣循環流行不已的特性。同時一日為十二辰，煉丹時，由子時陰氣重時陽氣開始生發，要進武火。午時陽氣由盛而弱，要進文火，使陰氣與陽氣再鼎器按照子午相維持陽升陰降，陰升陽降的平衡以成丹。所以一日十二時辰，一月三十日，一年十二月的運行次序，皆按陽息，陰消，復為陰息陽消的一氣流行的秩序運行。

> 朔旦為復☷☳，陽氣始通。出入无疾，立表微剛。黃鍾建子，兆乃茲彰。[31]

十二消息卦，對應陰陽二氣的盛衰過程，及季節和方位的依序改變。如復卦指陽氣出現於初九，仍有五陰在上，表示陽氣由陰氣下冒出。方位居北，為平時為十一月。臨卦，二陽生出，有四陰右上，表示陽氣增長。「臨☷☱爐施條，開路正光。光耀漸進，日以益長。丑之大呂，結正低昂。」[32]為丑時為十二月。「仰以成泰☷☰，剛柔並隆，陰

31　《周易參同契分章通真義》〈朔旦為復章第四十九〉，頁376。
32　《周易參同契分章通真義》〈臨爐施條章第五十〉，頁377。

陽交接，小往大來。輻輳於寅，運而趨時。」[33]內卦三陽外掛三陰，陽氣上升陰氣下降，天地陰陽合會。為寅時居春。「漸歷大壯䷡，俠列卯門。榆莢墮落，還歸本根。刑德相負，晝夜始分。」[34]陽氣已多過於陰氣，為卯時為二月。「夬䷪陰以退，陽升而前。」[35]表示決去陰氣，為辰時為三月，陽氣正旺。「乾䷀健盛明，廣被四鄰。陽終於巳，中而相干。」[36]乾卦六爻皆陽，表陽氣極盛，為午時為五月。孤陽甲不生，孤陰不成，一氣分為陰陽二種性質，交互作用成氣化流行。所謂陰氣或陽氣，指當下居主尊地位者，並陰氣、陽氣為不同的二種氣。所謂陽氣盛時，並非沒有陰氣存在，或是陰氣為之相對為二，而是一氣中的陽，此時是主持推動的特色明顯，因推尊而完成的陰氣，此時與陽氣同為一氣，只是陰氣的完成較隱而不顯。陽氣生發作用極盛後，一氣中的完成作用，陰氣便開始作用，如同陰氣由初爻開始出現。「姤䷫始紀序，履霜最先。井底寒泉，午為蕤賓。」[37]此時一陰出生，由大爻全陽的乾，轉為只五爻為陽，為午時為五月。「遯䷠去世位，收斂其精。」[38]初二爻已為陰，表示陰開始盛，陽氣退卻。為未時為六月。「否䷋塞不通，萌者不生。陰伸陽屈，沒陽姓名。」[39]否內卦三陰外掛三陽，與天地交合的泰卦正相反，陽升陰降，天地不能交會為否卦。「觀䷓其權量，察仲秋情。」[40]陰氣已有四爻很盛，為酉時為八月。「剝䷖爛肢體，消滅其形。」[41]五爻為陰，日氣可謂消盡

---

33 《周易參同契分章通真義》〈仰以成泰章第五十一〉，頁377。

34 《周易參同契分章通真義》〈漸歷大壯章第五十二〉，頁377。

35 《周易參同契分章通真義》〈夬陰以退章第五十三〉，頁377。

36 《周易參同契分章通真義》〈乾健盛明章第五十四〉，頁377。

37 《周易參同契分章通真義》〈姤始紀序章第五十五〉，頁378。

38 《周易參同契分章通真義》〈遯去世位章第五十六〉，頁378。

39 《周易參同契分章通真義》〈否塞不通章第五十七〉，頁378。

40 《周易參同契分章通真義》〈觀其權量章第五十八〉，頁378。

41 《周易參同契分章通真義》〈剝爛肢體章第五十九〉，頁379。

如形體形象都沒有，為戌時為九月。「道窮則反，歸乎坤☷元。」[42]坤卦六爻全陰無陽，非無陽只陰，而是一氣中的陰氣居於主導的位置，陽氣居於輔生的位置，並乾卦全陽只能是一氣中的絕對，非兩兩不同的絕對，坤卦六爻皆陰復，陽氣又出於復卦的初爻為陽，如此道窮則返，循環無盡。

十二消息卦分為四季則子復丑臨寅泰為春季，卯大壯辰夬己乾為夏季，所謂「春夏據內體」。午姤未遯申否為秋季，酉觀戌剝亥坤為冬季，所謂「秋冬當外用」坎離震兌四正卦可配四季的二十四節氣，表陰陽二氣之流行，可再細分為二十四種時間與節氣。如坎卦初六冬至，九二小寒，六三大寒，六四立春，九五雨水，上六驚蟄。震卦初九春分，六二清明，六三穀雨，九四立夏，六五小滿，上六芒種離卦初九夏至，六二小暑，九三大暑，九四立秋，六五處暑，上九白露。兌卦初九秋分，九二寒露，六三霜降，九四立冬，九五小雪，上六大雪，坎卦為北方冬天，離卦為南方夏天，震卦為東方春天，兌卦為西方秋天。冬至夏至的「二夏」，春分秋分的「二分」正與四季，四方對應，由冬至而春分而夏至而秋分，乃由陰盛進而陰漸少陽漸多，再陽極盛而陽漸少陰漸多，再至陰極盛，陰陽輪流主尊運行的方位，與循序而進的四季與節氣。從煉丹說，子時開始進陽火至時，及至午時陰氣始生要進火文，於卯，酉二時卯酉二時則不進火不退符為「沐浴」，此時要溫養。洗滌真陰真陽二氣，可知陰陽二氣在時辰、月令、四季、二十四節氣、四方、二十四方等細密繁複循環不已的架構中，流行無盡，正具氣化宇宙的一體性。

坎離匡郭，運轂正軸。[43]

---

42 《周易參同契分章通真義》〈道窮則反章第六十〉，頁379。
43 《周易參同契分章通真義》〈乾坤易之門戶章第一〉，頁357。

> 易謂坎離。坎離者，乾坤二用。二用无爻位，周流行六虛。往來既不定，上下亦无常。[44]

先天八卦是乾在南為午，坤在北為子，離在東為卯，坎在西為酉。後天八卦則將離為南邊，坎為北邊，震為東邊，兑為西邊。先天八卦是大周天，後天八卦是以人為煉丹修養對象的小周天。先天卦南之乾，將中爻一陽換為一陰，則先天乾卦便為後天離卦。將先天坤卦中的一陰爻換為一陽爻，則先天坤卦變為天坎卦，這是煉丹修養的方法。若要從後天卦小周天回復到先天卦大周天，則要將離卦中的一陰換回原來坤卦中的一陰，坎復返回坤，此謂「取坎離」，表示不同一卦中，能陰陽爻互換，可使先天引導後天發展，後天亦可依循先天修養，回復到先天元氣初始的狀態。「坎離匡郭，運轂正軸」指在南可為乾可為離，在北可為坤可為坎，先天與後天可以互換的架構中，一氣可無方所限制的流行其中，宇宙萬物亦在此整合的匡郭中生成化育。坎離變化不已為易之道，乾坤為陰陽二氣之生成作用。坎離又為乾坤運行於八卦諸卦中的作用，使諸卦皆如坎離般的可互換方位與上下內外卦的秩序，發展出餘六十卦的種種不同卦。若回歸原物的狀態仍是「取坎填離」原則的運用，而坎離二用又原自乾坤二卦，乾坤又本是陰陽二氣流行之特質。煉丹以先天坎離兩卦本在東卯西酉處，又稱卯酉大周天，稱在南離北坎處，稱後天的子午小周天。藉子午、大小周天，取坎離等方法，揭示一氣周流行六虛而無礙不已。

七　晦朔弦望、精神魂魄意

> 復卦☷☳建始萌，長子繼父體，因母立兆基。消息應鍾律，升降

44　《周易參同契分章通真義》〈天地設位章第七〉，頁359。

據斗樞，三日出為爽，震☳庚受西方。八日兌☱受丁，上弦平如繩。十五乾☰體就，盛甲滿東方。蟾蜍與兔魄，日月氣相明，蟾蜍視卦節，兔者吐生光，七八道巳訖，屈折低下降。[45]

納甲據說為京房所創，用月亮的晦朔弦望，陰陽盈虧象徵八卦。以十天干分別納於八卦，因甲為十天干之首，故曰納甲。一月三十日分六節，分別為震三日，兌八日，乾十五日，巽十六日，艮二十三日，晦三十日，再由朔初一開始表示一個月陽氣與陰氣升降的循環。復卦為十一月冬至，陽氣開始萌動。震卦初九爻為陽，由乾卦初九爻而來，故為乾之長皆震卦，如初九潛龍。一陽至月初三而生，為人身陽火起始之初。位西方居庚，以月初升微有光，受一陽之光，月在黃昏時由西方庚地升起。兌卦，如九二貝龍，由庚西而漸南，位南方居丁。為人身陽火用功之半。為初八上弦月，陽長陰漸消，二陽之氣受二陽之光。月在黃昏時在南方丁地升起。乾卦，如九三夕惕，由南而漸東，為人身陽火圓滿之時。十五滿月為「望」，月受日光而有明，從上弦到望日，月盈滿於東方卯地。受三陽之光，黃昏見於東方甲地。巽卦如九四或躍，月亮平旦時升於西方辛地，為十六日。由西而漸南，月至平旦由圓而缺，由朔至望，陽極轉陰，陰受陽之緒。艮卦如九五飛龍。月亮沒於南方丙位，為二十三日下弦月。其明半虧，由南而漸東。坤卦如上九方龍，月亮沒於清晨現于東方乙位為「晦」。月之明喪盡，從下弦至朔旦，月出西方酉位，月吸收日精氣。復卦位北方，為子時天根，乾卦處南方，為午時為月窟。指離之中爻為陰為天根，坎之中爻為陽為月窟，仍為陰中有陽，陽中有陰，共成一宇宙的模式。從煉丹三要素說，一鼎爐指乾坤日月，二藥物，東木為水銀，南火指汞遇熱昇華。西金指鉛，北水指鉛化為液體，中土指金水木或金

---

45 《周易參同契分章通真義》〈復卦建始萌章第十三〉，頁361。

水火合成的黃芽。三火侯，文火用於陽氣上升時要滅炭虛靜。武文用
於陰氣上升時要加炭創生。如納甲系統，在震卦初三要起火，於坤卦
三十日晦時熄火。月亮的盈虧，由月亮在黃昏與清晨的方位來看。如
初一震納庚，月亮黃昏在西方升起，初八上弦，兌納丁，月亮黃昏時
在南方升起。十五望乾納甲，月亮黃昏於東方升起。十六日時，不再
由黃昏觀測月亮的方位，因月亮由東而西，十五望月亮由黃昏至十六
日清晨，觀測到月亮在西方落下。二十三日下弦，艮納丙，月亮在清
晨於南方落下。三十日晦，坤納乙，月亮在清晨時，由東方落下。初
一時再觀測月亮在黃時同於西方升起，如此由黃昏時觀月由西而南而
東升起。由清晨時觀月由西而南而東落下。所謂上弦之氣，指後天卦
的北子石轉緯西酉至南未。下弦之氣，指後天卦的南午向左旋轉東卯
至北丑。此由月體納甲的晦朔弦望觀測，月亮在黃昏與清晨不同時間
的運行。

> 壬癸配甲乙，乾坤括始終。七八數十五，九六亦相應。四者合
> 三十，陽氣索滅藏。八卦布列曜，運移不失中。[46]

六為老陰為水，七為少陽為火，八為少陰為木，九為老陽為金。七陰
與八陽，陰陽合為十五，六陰九陽，陰陽合為十五，十五與十五合為
一月三十日，陰陽合小至成一日，大至成一月，甚至一年，可見陰陽
二氣的無方所限制的遍在義。曜可說日、月、木、火、土、金、水七
曜，亦可說為二十八星宿，二十八星宿的春季與寅卯相應，又與東方
的角、亢、氐、房、心、尾、箕七宿相應，對應的是白露、秋分、寒
露、霜降、立冬、小雪、大雪的節氣。夏季與巳、午、未相應，與南
方的井、鬼、柳、星、張、翼、軫七星宿相應，對應的是處暑、立

---

46 《周易參同契分章通真義》〈壬癸配甲乙章第十五〉，頁362。

秋、大暑、小暑、夏至、芒種。秋季與申、酉、戌相應，與西方的
奎、婁、胃、昂、畢、觜、參七星宿相應，對應的是驚蟄、春分、清
明、穀雨、立夏、小滿的節氣。冬季與亥、子、丑相應，與北方的
斗、牛、女、虛、危、室、壁七星宿相應，對應的是冬至、小寒、大
寒、立春、雨水等節氣。若在春天的晚上向東看，可看到東方升起
角、亢等東方七星宿。在夏天晚上向東看，可看到東方升起斗、牛等
北方七星宿。在秋天的晚上向東看，可看到東方升起奎、婁等西方星
宿。在冬天晚上向東看，可看到東方升起井、鬼等南方星宿。在陰陽
二氣的流行中，將四季、八卦、十二地支，二十四節氣與二十八星宿
建構一生生流行遍在有與無處，又各自具其獨特的主體性，又互相連
屬相關的整體宇宙觀，套用在人身修煉上又可與四肢、臟腑、精神的
修養合拍同體。

> 陰陽為度，魂魄所居。陽神日魂，陰神月魄。魂之與魄，互為
> 室宅。性主處內，立置鄞鄂。情主營外，築垣城郭。[47]

陰陽二氣的生化流行，又可以神、精、魂、魄、性、情在內外與四方
的關係來呈現。陽氣所經過處為東方，為日，為元氣流行的陽神、陰
緯所通過處，為元氣流行陰神。元陽之氣於東方為魂，為乾坤二卦，
為天干之甲乙。元陰之氣於西方為魄，為震巽二卦，為天干之庚辛。
而元氣之神於南方為兌艮二卦，為天干之丙丁。神屬陽為無形層次，
精屬陰為有形層次。故元氣之精於北方為乾坤二卦，天干之壬癸。而
東魂西魄，南神北精，合會於坎為戊土，離為己土的中土。由煉丹
說，初一朔始進陽火，乃魂長魄消，陰屈而陽伸。十六日望後開始退
陰符，魄長魂消，陰伸而陽屈。性為陽神之魂，情為陰神之魂。「氣

---

47 《周易參同契分章通真義》〈陰陽為度章第六十三〉，頁380。

索命將絕，休死亡魂魄。」[48]王、相、死、囚、休為按五行說的火侯變化。魂魄與精神順五行變化，會有北水為主宰旺盛，東木則為輔助相助，中土為被囚宰禁衰弱，火死為火被克制，金休為退休無為。意指五行中之任一行都有主宰、輔助、囚禁、克制、退休等狀態的循環，此將王、相、死、囚、休的循環，用左煉丹修養上，以見任一物皆有魂魂、神精、性情、王相休囚等在自身上的往復循環。

八　結語

　　本文主要先確立道、易、氣都為宇宙論式的本體，將宋明理學式的形上本體，隱涵氣化的宇宙論中。但為彰顯氣化宇宙論仍含括所有的時間、空間及在其中生成的萬物，仍試圖彰顯氣化宇宙，亦有如絕對形上本體的無限性、生生性、普遍性，所以透過乾坤、陰陽、天地、日月建構成可延伸至無限大的宇宙外部架構。再具體的由時間的天干、地支說明氣化流行於時空中的狀態。復水木火土金五行的秩序與素質，說氣化流行於空間中的各種狀態。十二消息卦則將氣化流行的時間範疇擴大到月、年的循環中。復用月亮的朔望弦晦變化，說明一氣的流行，使目的運行與月的運行，進而與生命有關的精神魂魄的運行，形成一緊密相連，各具主體性能使大周天與小周天相應，外丹與內丹相應的整全，可無限擴大又可無限縮小的氣化宇宙論的思維。

——原文發表於「黃帝陵祭祀與中國式現代化學術論壇」，

2023年4月2-6日

---

48 《周易參同契分章通真義》〈擣治并合之章第三十八〉，頁371。

陸　論日本伊藤仁齋《語孟字義》 與明代吳廷翰《吉齋漫錄》 氣論思想的異同

一　前言

　　秦漢時氣論初始為解釋天、人天與人的關係，乃素樸的用可通貫上下兩間的來說，如元氣無形屬天道層次，及氣命凝和為人，則天、命、人三階段內容皆為一體流行之不同面象，然無如何凝和為有，多有置疑，所以又有理氣為一的思路，唯此理氣為一，在工夫上、境界上是可以說的，但當以理為本體？或氣為本體？則難有一定論，所以又有以氣為本，如《想爾注》之書，唯此書重在宗教不重理論建構，但也引出氣為本體思路之可能。及至宋明周、張、王安石、司馬光仍承翰帶元氣通貫兩間之說法。朱子則主張理氣二分，是理為形上，氣為形下，理為氣之所以然，氣依傍理而行，及吳廷翰、王廷相則反對朱子理氣二分，為突出氣實然之重要，亦提高氣有本體位階，故主張天地人我一氣流行而已的氣本論，本文及順此思路，審視仁齋、廷翰，氣、道、理、心性、情等概念之異同。

二　道、氣、理

　　道，人之所以往來通行，故凡物之所以通行者，皆名之曰道。

其謂之天道者，以一陰一陽往來不已，故名之曰天道。《易》
曰：「一陰一陽之謂道」，其各加一字於陰陽字上者，蓋所以形
容夫一陰而一陽，一陽而又一陰，往來消長運而不已之意。蓋
天地之間，一元氣而已，或為陰，或為陽，兩者只管盈虛消長
往來感應於兩間，未嘗止息，此即是天道之全體，自然之氣
機，萬化從此而出，品彙由此而生。聖人之所以論天者，至此
而極矣。可知自此以上更無道理更無去處。[1]

仁齋猶一陰一陽，一陽一陰，往來不已，以至於無窮釋道，且此陰陽
往來之理，不由理論層面說，而是由人與物之往來通行說，由實然界
指出往來通行不已者為道，與由理論層說往來不已之原則為道者不
同。道由實然說，則此實然之條件，須有本體之位階與為實然界基礎
之條件，故曰「天地之間，一元氣而已」，元氣可說為萬物生化根本
之理論根據，也可說是萬物能生化的實然體質，此元氣之為天道之全
體，因陰陽盈虛消長往來感應於兩間，使形上無形之生化作用生生不
已，形下有形之萬物，亦生成化育不已，使無形生生不已之原則，與
有形萬物生成無窮之實然，統為一整體。此元氣整體即宇宙至高至根
者，道元氣之往來通行不已，理指陰陽往來通之條理，元氣之上再無
更高之道或理。

何謂道？「一陰一陽之謂道。」何謂氣？一陰一陽之謂氣。然
則陰陽何物乎？曰氣。然則何以謂氣？曰：氣即道，道即氣。
天地之初，一氣而已矣，非有所謂道者，別為一物，以並出乎

---

1 〔日本〕伊藤仁齋：《語孟字義》，收入〔日本〕吉川幸次郎、清水茂同校注：《伊藤
仁齋・伊藤東涯》（東京：言波書店，1983年），頁2。

> 其間也。氣之渾淪為天地之祖，至尊無上，至極而無以加，則
> 謂之太極。[2]

廷翰先定義一陰一陽相生不已之原則為道，另外借用氣的觀念，以氣
承載道之位階與與生生作及體質義等條件。首先「道即氣，氣即道」
定義氣有道之位階，「天地之初，一氣而已矣」則承漢代以降的氣化
宇宙論，以氣貫通與統涵有無兩間為一宇宙全體之說法。如此陰陽氣
化即天地與有無兩間的形式與實質同體共構的生生不已之道。因渾淪
之氣為萬物之祖，因「氣即道」故氣自亦統有道之位階作用與體質，
所以氣如道般至尊而無上，可謂氣即太極。「道即氣」之氣不在理氣
二分模式的理之下，反比形上之道體，多具蘊涵了化育萬的體質義。
　　仁齋與廷翰皆以氣為至高至根之道與太極。但仁齋由實然人物的往
來不已說道，廷翰則由理陰陽往來人物所由出的理論層面說氣即道。

> 何以謂天地之間一元氣而已耶，此不可以空言曉，請以譬喻明
> 之。今若以版六片相合作匣，密以蓋加其上，則自有氣盈於其
> 內。有氣盈於其內，則自生白醭，既生白醭，則又自生蛀蟬，
> 此自然之理也。蓋天地一大匣也，陰陽匣中之氣也。萬物白醭
> 蛀蟬也。是氣也無所從而生，亦無所從而來。有匣則有氣，無
> 匣則無氣。故知天地之間，只此一元氣而已。可見非有理而後
> 生斯氣，所謂理者，反是氣中之條理而已。[3]

仁齋「天地間一元氣不由概念」說，而由實然之譬喻說，可見仁齋少

2　〔明〕吳廷翰：《吉齋漫錄》，收入容肇祖點校：《吳廷翰集》（北京，中華書局，
　　1984年2月），頁5。

3　〔日本〕伊藤仁齋：《語孟字義》，頁2-3。

言空理，多重實然規律之學說特色。木匣雖在形體上有匣內匣外之分，但氣仍可充盈匣內匣外，可見氣有通貫匣內外之能力，推言之，氣亦能通貫人與物的形體內與外。氣之通貫內外，見氣有其普遍存在性。但仁齋少言氣往來通行於無形界，氣往來於無形界是指生生作用，氣往來於有形處，則指「人之所以往來通行」。天地如一大匣，陰陽為匣中之氣。如天地專指匣中，則氣似屬有限，且仁齋未明言天地此匣外亦有氣，則此氣不涵無形處，則其無限性似乎不夠彰明。但若仁齋因反佛老、朱子之以虛理為道，所以由實然可知可見之宇宙，強調在實然的時空中，陰陽往來不已，亦是無窮無盡的。此乃仁齋在有限宇宙中，賦予氣化宇宙有無限之義。從「氣也無所從而生，亦無所從而來」說氣有往來無盡之義可知。再者，匣中之白醭蛀蟬皆非由有形者而來，而是由無形之陰陽往來而生成有形，此則明示陰陽氣化有由無形而凝結成有形的秦漢氣化宇宙的傳統思路。三者有天地後有匣，再生白醭，再生蛀蟬，陰陽往來由無而漸有形有質，層遞而出，可知，先有天地一氣，再有依之而生而化的萬物，自然主張陰陽之理在氣中，非先有理而後生氣如朱子者，且理非道，理只是陰陽氣化之條理。可見仁齋不尚言虛，反多由實然重新詮釋氣、理、道等概念。

> 蓋天之事，只是氣。理即氣之條理，用即氣之妙用。命於人即氣為之命。[4]

廷翰立於元氣為本體的立場，以為天地間所有事皆氣貫有與無兩間的事，無者乃陰陽作用之流行，流行乃理已蘊涵於其中。有者乃陰陽氣化方所無盡，故可凝為萬有不齊且繁衍無盡，故曰「天之事只是

4　〔明〕吳廷翰：《吉齋漫錄》，頁8。

氣」。氣化萬端各有其所以萬端之條理，故曰「理即氣之條理」。另廷翰「道者，以此氣之為天地人物所由以出而言」，則有所出指氣化有根源義，順根源以出之作用，無所不成用，此即「氣之妙用」。氣之妙用除生化萬端，亦命於人，為人之體性。人承此氣化無窮之妙用，乃可參贊天地人物之化育。氣之條理、氣之妙用、氣為之命，皆天地一元氣生化之各階段與變化。總言之，天地之間只一氣之流行。較仁齋重視概念之安立與定義。

> 或以為自天地既闢之後觀之，故一元氣而已。若自天地未闢之前觀之，只是理而已。故曰無極而太極。適聖人未說到一陰一陽往來不已上面焉耳。曰：此想像之見耳。
> 夫天地之前，天地之始，誰見而傳之耶？若世有人，生於天地未闢之前，得壽數有億萬歲，目擊親視，傳之後人，互相傳誦，以到于今，則誠真矣。然而世無生於天地未闢之前之人，又無得壽數有萬億歲之人，則大凡諸言天地開闢之說者，皆不經之甚。[5]

仁齋反對天地既闢後有元氣，未闢前無氣只有理的或問，即反對佛老、朱子先有理再有氣，理先氣等，由邏輯上說物之成必有物之所以成之理，無此物所以成之理則物無法順此所以然之理成為物。邏輯上，應先有理才有物。然理若先在而後可成物之理論成立，則另一問題馬上發上，且非無形之理所可解決。即理屬形上、無形、概念性的本體，雖貴為萬物所以然之根本，但卻無法具體生化出實然的森羅萬象，則森羅萬象之實體，源自何處，終無解答。實然萬象源自何處不

5　〔日本〕伊藤仁齋：《語孟字義》，頁4。

可解，則所以然之理本體，終成虛空，不得為實然萬象之根源，頂多如朱子說「氣是依傍這理而行」。且「理無氣，則無掛搭處」面對此問題，秦漢氣化論，乃立氣有無形之本體位階，然後藉陰陽二氣凝結之功能而有二氣、有四時、有五行，五行中又各有陰陽，彼此再相生相克，而實然萬物於是存在。另在漢代、唐代亦有主張理氣一者，此在修養的工夫，即生命的境界上，使無形本體與有形身體達到天人內外和諧完整而說理氣是一，有其理想性。但如此仍未解決究竟最終根源屬氣或屬理之提問。所以宋代朱子受佛老重形上道體影響，將無形之理提升道本體位階，作為最高之道，此雖將本為物之條理的實然提高道本體位階，但反更忽略形氣之來源，即更視形氣為思慮計度之莽然者，如朱子。故至明代吳廷翰、王廷相、羅欽舜等又回復到秦漢初始的氣化論，主張天地間只元氣流行，流行於無形層即陰陽生生不測之神，流行於有形層即森羅萬象之生化無盡。吳廷翰同時將貫通有無兩間的元氣，亦如同佛老、朱子般提高道本體的位置。以解決實然氣化由何處而來之問題，且確定氣化實然之體質非有限者，其有限體質是由無限元氣凝結而有。有限之形質由無限之元氣來，形質形式上有限，本質卻是貫通有無的元氣本體。仁齋思想受吳廷翰影響，所以仁齋重實然之思想，亦應由此思路了解。唯吳廷翰仍有宋明理學重概念、架構理論的味道，而仁齋則在重實然的主軸下，少言氣化由無而有之層遞過程與理論架構，反重視在倫理道德的實踐上，釐清並落實元氣化生萬物之目標，此點與陳確思路相近。故主張回歸孔孟原典，少空言虛理，多由字句訓詁釋經典，並以元氣流行往來詮釋天人之際。

　　蓋太極始生陰陽，陽輕清而上浮為天，陰重濁而下凝為地，是為二儀，蓋一氣之所分也。陰陽既分為天地，天地又各自分為

陰陽、四象，蓋二氣之所分也。四者流布，進退消長，溫涼寒暑，以漸而變，是為四時。其類則少陽為春，乃其自然之序。四者便合交感，凝聚極盛，乃成其類，則少陽為木，乃其有自然之化。則此四物，是亦四象之所為，而與人物並生，同化於天地者。[6]

仁齋不論元氣在天地未闢前是否存在？避開邏輯上理先氣後的推論，直接用無天地未開闢前人的存在，否定天地未開闢前可能有理先在的假設。此言看似缺乏理論說服力，但在前段氣論由無而有，進到有中有無的地步，則有理論發展做為仁齋說的背景。此段廷翰則順漢代氣化論經唐代佛道重視本體論，提高氣有本體位階，並以氣化有實然層面來反顯吾儒重實，佛老淪於虛空的特色。所以廷翰以元氣為太極，太極生陰陽，此「生」既是生生原則的作用，同時也有無形之氣凝為有形之氣的開始，亦即氣通貫有與無兩間，所以「生」亦是無之生用與有之實生同體共構的。陰陽生天地，天地分為四象，四象流布，以漸而變為四時，又分為四時，以之為自然生化在時間上之次序。復交感凝聚成木火金水，將無形生化原則凝成具體有形質之萬物。此由太極、陰陽、天地、四時、金木水火由無而有的過程，最後又將前述各段同化於天地，建構一無而有，有回無，有無一體的完整氣化理論系統。然仁齋在強調孔孟重道德實踐的主張下，雖與廷翰同主張元氣流行，卻反對氣化之過程，只聚焦在實然道德實踐上，可說廷翰重理論，仁齋重實然。

6　〔明〕吳廷翰：《吉齋漫錄》，頁9。

> 夫善者，天之道。故《易》曰：「元者善之長也。」蓋天地之
> 間，四方上下渾淪充塞通徹無內無外，莫非斯善。故善則順，
> 惡則逆，苟以不善在於天地之間者，猶以山草植之于水澤之
> 中，以水流留之於山岡之上，則不能一日得遂其性也必矣。夫
> 人不能一日有以不善立於天地之間亦猶如是。故善之至無往而
> 不善，惡之極亦無往而不惡。善之又善，天下之善聚之，其福
> 不可量焉，惡之又惡，天下之惡歸之，其禍不可測也，天道之
> 可畏可慎如此。[7]

仁齋詮釋儒典，不由氣之玄妙本體處說，而主張直接由儒典字句來說明。廷翰由元氣建構理論，理性意味較明顯，相對道德意味會降低。若陳確或仁齋少言玄遠天道，直接就道德人倫世界說天道，相對德性意味較理性意味明顯。仁齋以為元氣充滿宇宙中，故做為天道內蘊的善，自然也「四方上下渾淪充塞，通徹內外無間」此渾淪無間是天地的渾淪充塞，非亦充塞於天地之外，充塞於天地之外，就有理生氣儒朱子之虛敝產生。因一陰一陽流行往來不已，就此往來不已之永恆原則與作用便可謂此為道德價值的最高標準，故曰「善者，天之道」上下內外莫非斯善。仁齋跳過漢代氣化論有常有變，常者為善，變者為惡的一套論述。直接由氣化之順說善，由氣化之逆說惡。善惡非只是價值層面上的合理與否的問題。而是與實然的宇宙次序相應與否的問題。所以如山草植於水澤中，水流於山崗上，此等違反實然天地秩序的即為不善。人須順天地氣化而為生而為善，以為人之性。故人當順陰陽往來不已，持續地為善，以至福不可量。反之亦然。仁齋福禍不由道德價值之自肯遵守或違背說，而是由是否順合陰陽往來之實然狀態來說。

---

7 〔日本〕伊藤仁齋：《語孟字義》，頁5。

　　夫善性即是道，道即是陰陽。所謂誠，亦只是陰陽，真實無妄
　　之名也。聖人與此說性、說善、說陰陽、說道、說太極，周子
　　又說無極、誠，皆是一物，隨處而名。無極之真，即誠也；二
　　五之精，即誠源，誠立也。[8]

廷翰立天地一元氣立場，由元氣凝聚為形氣，行氣散消回歸元氣，其
中二儀、四象、四時、五行的聚散分合，仍總在元氣流行的整體中進
行，所以從價值標準說善性是道，從流行作用說陰陽是道。從總體只
一氣流行於兩間，無理、氣孰輕孰重之考量，元氣流行是真實無妄之
誠。所以人無論說性善、陰陽、太極、誠皆是元氣一物，隨處而名
者。廷翰與仁齋皆由天地一氣論述善即天道。為仁齋由山水實然狀態
說善，廷翰由氣化層遞而下而上說善。

　　一陰一陽往來不已者，以流行言，維天之命於穆不已者，以主
　　宰言。流行猶人之有動作威儀，主宰猶人之有心思智慮，其實
　　一理也。[9]

仁齋以一陰一陽往來不已說流行，猶人之有動作威儀，此流行沒有形
上原則與行下氣化的分別，是在天地一氣立場下，說流行通貫於兩
間，兩間同時成就陰陽往來與動作威儀，直截為一整體，避免形下氣
之運動未必依形上理而行。同樣在天地一氣立場下，天命不已地生成
化育萬物，猶人有主宰心思智慮之能力。天不已地命，人亦不已地主
宰心思智慮，以成就天之所命者，亦使天命不已與思慮不已，無上下

8　〔明〕吳廷翰：《吉齋漫錄》，頁12-13。
9　〔日本〕伊藤仁齋：《語孟字義》，頁6。

之隔。流行指陰陽與威儀無隔，主宰指天命與心智相通。實皆因元氣為貫天地萬物之理也。

> 陰陽即道，蓋指氣得其理而言。運行發育，皆是物也。若曰陰陽為氣，其理為道，道則指其不能運行發育者言之，而道反為無用之物，傳曰「大哉聖人之道，洋洋乎發育萬物，峻極於天」，皆指運行發育而言。[10]

廷翰亦主天地一氣。天地萬物皆由陰陽流行而有，故曰「陰陽即道」而兩儀、四象、五行等森羅萬象之聚散，自有其所以如此分化之條理，故理非如宋儒所推尊為萬物之所以然之道，理指氣化有萬端之所以然之條理。且此條理亦非與物不離不雜上下二分之條理，而是指氣化本身之條理，萬物即稟其自身本具之條理來發育運行為動作思慮。知仁齋、廷翰皆主理乃氣之條理。

三　心、性、情

> 然而天地萬古常覆載，日月萬古常照臨，四時萬古常推遷，山川萬古常峙流。羽者毛者，鱗者裸者，植者蠢者，萬古常若此。以形化者，萬古常以形化。以形化者，萬物常以氣化。相傳相蒸，生生無窮。
> 而非天地之內，天地之外，實有斯理。凡父子之相親，夫婦之相愛，儕輩之相隨，非惟人有之，物亦有之。非惟有情之物有之，雖竹木無智之物，亦有雌雄牝牡子母之別。況於四端之心，

10　〔明〕吳廷翰：《吉齋漫錄》，頁17。

> 良知良能，固有於己者乎。故若聖人之道，則非徒徵諸庶民，
> 考諸之王，建諸天地，質諸鬼神，無所悖戾，大凡至於草木蟲
> 魚，砂礫糟粕，皆無所不合。若佛老之說，求之天地山川，草
> 木民物諸彙，皆無所驗，可知天地之間，畢竟是無此理。[11]

仁齋由天地、日月、四時、山川等具體的時間、空間的實然且常在，建構其氣化的宇宙論，天地、日月為氣化空間的具體存在，常覆載、照臨、推遷為氣化時間的不已存在。只言時空內存在氣化，不言超越時空之上之外的存有。蓋因聚焦於天地為元氣流行之場域，所謂之永恆、普遍之本體義，即於天地元氣中展現。若言天地之外有元氣，則此元氣會淪為虛空之理，如佛以空為道，老以虛為道，佛以山川大地為幻境，老以萬物生於無的無形之理境。且此理境超越大地萬物之上，與山川萬物為異質異層，彼此有隔，無法在根本上相通者，不若將永恆、普遍的陰陽往來流行義置於實然的天地萬物的界域中，將元氣流行直接化為動作思慮。每一陰一陽之流行，即羽、毛、麟、裸之形化，萬物之形，萬物之形化即氣化之流行。陰陽往來不已則時間、空間義流行不已。此即時空說的流行不已，較境界說的流行不已，具體實際。但此具體氣化若為有限，則氣化難言不已。此處說明陰陽往來不已，是實然的天地萬物稟其本身本具之陰陽不已而變化不已。所以天地萬物之變化是通貫天命不已與天地不已兩層而為一整體的。只是陰陽往來之不已，是藉氣化之聚散不已來呈現自身。如此父子有親、夫婦相愛等有情世界，竹木無情無智之物，即本具之良知良能道德自我之實現，皆氣化生生之無窮所致，而與佛之空、老之虛等虛理虛境截然不同。朱子以理氣二分，陰陽以良知良能反佛老，不若由元

11　〔日本〕伊藤仁齋：《語孟字義》，頁16。

氣通貫兩間反佛老有說服效果。

> 釋氏不知心乃性生，既涉形氣，猶非全性，卻一向指為至道，
> 見其虛靜光明，便謂靈機妙法盡在於此，所以不復上求於性。
> 其失至於滅絕天理，謬迷本性，猖狂自恣，淪為禽獸，以此益
> 見心之非性，而不可便以為中，為仁也。[12]

仁齋由天地、日月、父子、夫婦、草木、蟲魚、四端之心等時空、有
情、無情、良知等層面說陰陽往來即具人物之身，即為人物生生不已
之性，佛老反以虛空之境界為性，而心之靈機妙覺皆在知覺此虛空之
理境，而視天地萬物為空幻。廷翰與仁齋皆立於天地一氣立場，廷翰
亦主張陰陽之道命於人乃為人之性，然後此性才涉形全便為不全。與
佛老以超越形氣之上的清淨無染無限的本體義之性絕異。故廷翰亦由
氣性有限來反佛老虛空之性。陰陽往來不已之作用乃思慮之心，廷翰
以心為知覺思慮氣化萬變以通契於氣化往來之作用者，自然反對佛氏
以心來虛境觀照萬法皆空之主張。

> 蓋孟子之意以為人必有惻隱羞惡辭讓是非之心，是四者人之性
> 而善者也。而仁義禮智天下之德，而善之至極者。苟以性之善
> 而行天下之德，則其易也猶以地種樹，以薪燃火，自無所窒
> 礙。故擴充惻隱羞惡辭讓是非之心，則能成仁義禮智之德。
> 蓋人之性不善，則欲成仁義禮智之德而不得。唯其善，故得能
> 成仁義禮智之德。[13]

---

12 〔明〕吳廷翰：《吉齋漫錄》，頁38。
13 〔日本〕伊藤仁齋：《語孟字義》，頁25。

仁齋肯認孟子四端之心，是由氣質而說的人性中本具之善的四種意向性。且此四種善之意向性實踐成仁義禮智之德，乃價值之善之最高成就。此由陰陽往來有不同意向性，不同意向性顯著於人倫日常，便是陰陽往來最自然狀態，此即性之善，順陰陽往來呈現性善，猶以地種樹，自然無隔礙。蓋因地與樹皆氣質所為，陰陽往來通貫期間而無隔。所以若順陰陽往來不已，推擴四端之心於日用常行，自然成氣化層之仁義禮智，而非以形上、意義上為重的德。陰陽往來不已，自有各種意向之可能發生。若有非惻隱羞惡之意向發生，亦為性中之必然。如此人性亦自有不善者，順此氣性而為自難成仁義之德。此仁齋由陰陽往來不已有各種意向性，而說性有善有不善。但在具體倫常之實踐上，仍以成仁義之德為目標。

> 凡言性，則已屬之人物，即是氣質。人生而有心，是氣之靈覺，其靈覺而有條理處是性。仁義皆氣之善名，故謂仁氣、義氣。氣有清濁美惡，即仁義之多寡厚薄。其仁義之多而厚，即性之善；其薄而少有欠處者，亦未免有不善。[14]

廷翰亦由氣質說，不由形上本體理境說性乃天命而非氣質者。陰陽生生不已由氣質上說，便是氣之靈覺，亦即是人之心。氣之靈覺指氣化有各種不同方向的可能性，此種可能性存於氣質中，自成其所以為自身之條理便是性。而各種可能成為善或為惡之分別處，在於所稟的陰陽五行之氣的清濁、美惡。氣性稟清者為仁氣、義氣，氣性稟濁者，自非仁義之氣。可知廷翰、仁齋皆因氣化不已多向，而說性有善、不善之可能，善或不善乃所稟氣質有清濁美惡不同所造成。此與宋儒由

---

14 〔明〕吳廷翰：《吉齋漫錄》，頁25。

理境專言性者不同。

> 論心者，當以惻隱羞惡辭讓是非之心為本。夫人之有是心也。
> 猶有源之水，有根之草木，生稟具足，隨觸而動，愈出愈不
> 竭，愈用愈不盡，是則心之本體，豈有實於此者乎？今乃以心
> 為虛者，皆佛老之餘緒。[15]

仁齋由陰陽往來不已說氣性，氣性之所發是心。若朱子理為本體，性
亦為本體不動之理，而動處作用則歸於無造作、無計度之氣，於是理
與氣異質異層，理只是氣化之形式上原則，理本身不是氣，亦不能氣
般活動創作。元氣論則以原氣為本體，其生生不已作用可凝為實然之
氣化。其生生不已之作用，亦是氣化之秩序、條理。可知氣論之心，
是氣化生生作用與氣化秩序理序兼具的。所以仁齋由氣質所說之心
「生稟具足」因心即陰陽往來之顯現。「愈出愈不竭」因心即陰陽往
來不已之作用。以陰陽往來為本，以陰陽往來不已為生成作用，此心
之本體，當以實謂之。

> 蓋人之有生，一氣而已。朕兆之初，天地靈秀之氣孕於無形，
> 乃性之本；其後以漸而凝，則形色、象貌、精神、魂魄莫非性
> 生，而心為大。其靈明之妙，則形色、象貌有所宰，精神魂魄
> 有所寓，而性於是乎全焉。故曰：心者，生之道也；性者，心
> 之所以生也。知覺運動，心之靈明，其實性所出也。無性則無
> 知覺運動，無知覺運動則亦無心矣。[16]

---

15 〔日本〕伊藤仁齋：《語孟字義》，頁32。
16 〔明〕吳廷翰：《吉齋漫錄》，頁27-28。

廷翰以為人之有一氣而已。此一氣之流行，漸顯為生生作用的神魂，在由神魂顯為感官作用之精魄，最終凝結為具體有形有質的形色象貌。此由元氣而神魂而精魄而形象，由無而漸有的中介。是神魂至於精魄這一天命之過程。神魂乃陰陽相生不已之作用，精魄乃將此生用才質化作為人物之感官之作用。所以天命於人之命中，神魂之生生，精魄之感官同具於命於人中為性。廷翰承兩漢氣化論傳統故重天與人中，尚有神魂精魄一段為命之內容。仁齋則少言神魂、精魄，蓋重視實踐以成德之實效故也。廷翰云「靈秀之氣孕於無形，乃性之本」可知命性之本乃無形元氣，元氣漸凝為神魂精魄，在凝為形色象貌接順此氣性而生，而能有神、精、形、象等不同，則為心之靈明知覺運動所為，故曰「心為大」，心所以能宰形象、寓精神，在於順氣性之生用與秩序而有而全。

> 孔子曰：性相近，習相遠也。孟子固言物之不齊物之情也，可知其所謂性善也者，即述孔子之言者也。然後儒以孔子之言，為論氣質之性，孟子之言為論本然之性也。信如其言，則是非孔子不知有本然之性，孟子不知有氣質之性者乎？夫天下之性，參差不齊，剛柔相錯，所謂性相近是也。而孟子以為人之氣稟雖剛柔不同，然其趨於善則一也。猶水雖有清濁甘苦之殊，然其就下則一也。蓋就相近之中而舉其善而示之也。非離乎氣質而言。故曰：人性之善，猶水之就下也。[17]

自朱子將孟子列為科考，孟子性善遂蔚為風潮。然考諸孟子原文故有云性善，但同時亦云夜氣、平旦之氣、口之於味、目之於色、四肢之

17　〔日本〕伊藤仁齋：《語孟字義》，頁34-35。

於安逸，性也，有命焉等由氣質角度論性者，故孟子是否純指性為善，尚有疑義。同時儒學之祖孔子，並未言性善，只說「性相近」，則偏於氣質上說性，所以揚子善惡混，管子性分三品，程子「論性不論氣不備，論氣不論性不明」王廷相主張性有善惡，此皆從氣質論性，氣質有厚薄，則性亦有善惡。由此再回溯源頭，以孔子「性相近」一語，作為氣性有別之源頭與理據。仁齋順此脈絡，舉孟子物有不齊，說明氣性亦有不同，氣性參差不齊、剛柔雜錯，只能說氣性各殊，但皆為氣性，故可說相近，不能說相同，並由此反對以孔子為氣質之性，孟子為本然之性之說，蓋孔子就氣性中指點出為仁為義之意向，所以不可說孔子不知有本然之性。孟子雖言性善，但亦言耳目口鼻四肢之氣性。不可說孟子不知氣質之性。孔孟雖皆由氣質論性，但因性乃陰陽往來不已所命於人者，故其不已之作用，便在性發為一固定不變之方向，猶水之就下，人之所以會趨於善之因。

> 蓋天之生人，以有此性也。性成而形，雖形亦性，然不過一氣而已。其氣之凝而有體質者，則為人之形，凝而有條理者，則為人之性。形之為氣，若手足耳目之運動者是已。性之為氣，則仁義禮知之靈覺精純者是已。然而形有長短，有肥瘠，有大小，雖萬有不齊，莫不各有守則耳目焉。故自聖人至於眾人，苟生之為人，未有形之若禽獸者也，故曰「相近」。
> 及乎人生之後，知靈秀物化，則性之得其全而厚且多者，習於美而益善，於是有為聖人者矣，性之得其偏而薄，且少者，習於不善而益不善，於是有為愚人者矣，其間等第，遂至懸絕，故曰「相遠」。[18]

---

18 〔明〕吳廷翰：《吉齋漫錄》，頁24。

廷翰以為一氣凝為體質為人之形，凝為有條理者為人之性。形氣如耳目手足之運動，氣性為仁義禮智之知覺。此乃承兩漢氣化論，元氣生生之作用凝為之精神魂魄與形象。元氣生生之條理，則寧為人之仁義禮智之靈明知覺。然氣化紛然，所以形有長短、肥瘠。形雖各異，又各守其目耳。蓋因陰陽五行雖雜然萬端，每一物中二氣五形自然本具，如形之各異，但形有耳目之本然不變。所以說「相近」若以性純善，則性善落入後天環境受習染遮蔽而不全顯其善，氣質限制變成惡之來源，順此而為「相遠」，但廷翰以氣性所稟清濁各異，所以氣性有美惡不同。稟先天善後天復習善，則益善，稟先天惡復習惡，則益惡。此廷翰、仁齋皆由性有善惡說「性相近，習相遠」也。

> 情者，性之欲也。以有所動而言，故以性情並稱。目之於色，耳之於聲，口之於味，四肢之於安佚，是性。目之欲視美色，耳之欲聽好音，口之欲食美味，四肢之欲安逸，是情。父子之親，性也。父必欲其子之善，子必欲其父之壽考，情也。孟子曰：物之不齊，物之情也。言或大或小，或緩或急，物各有所好，故謂之情也。[19]

由朱子理氣二分言形氣之心知覺形上性理，居敬存養之，然後發為言行之善是情。此為形氣心統攝形上性理發為形下情的心性情三分架構。對於心、性、情皆一氣流行上下內外貫通只位階有別的仁齋，自然有不同看法。仁齋云：「情只是性之動而屬欲者，才涉乎思慮則謂之心。若四端及忿懥等四者，皆心之所思慮者，不可謂之情。」[20]亦即順氣性而動是情，但仁齋似受荀子以性之欲為善者視為心，不是情

---

19 〔日本〕伊藤仁齋：《語孟字義》，頁40。
20 〔日本〕伊藤仁齋：《語孟字義》，頁41。

之影響,視性之動為情,但性純之動才涉乎思慮便是心,而非情。情涉乎思慮為心,屬氣化流行為人有精之知覺一路,性之動單為情,屬氣化流行化為人有耳目口鼻之欲一路。所以目之於色,耳之於聲,屬氣化流行本然所有者,故為性。而目之欲視美色,此欲乃性之動於欲者便事情。

> 故人之所以為人者,皆心之知覺運動為之,而心之所以能者,則性為之,但性不可見,因情而見耳。性發為情,而其能為才,若志意思慮,是又緣心而起,然亦莫非性之所為。[21]

由氣論說,元氣之生用凝為形象,生用之條理凝為氣性為仁義禮智。氣性順本具之陰陽往來發為人之靈明知覺,是心。心顯著性於動作之為中,是情。此乃廷翰順兩漢氣化論心、性、情一體貫通而位階作用有別的傳統。所以人之所以能為人而非禽獸所能者,在於人有知覺運動之心,而禽獸則無。而心之知覺運動,亦是順性本然之二氣五行相生不已而發動。唯性不可見,心性雖屬氣質,但心性皆不可見,因情而可見。可知心、性屬無形之氣化流動,情則借氣質而顯。

四 結語

　　由氣本論視角檢視《語孟字義》、《吉齋漫錄》二書,知二者皆主張天地一陰一陽往來不已為道,流行之秩序乃理,將氣提高治至本體位階,道、理乃一氣流行之名稱與條理。與重視理為本體,氣為形下思想,正好顛倒。廷翰重是天命於人之過程,由元氣漸凝為神魂(中

21　〔明〕吳廷翰:《吉齋漫錄》,頁28。

有仁義意義），再層遞凝為精魄（中有感官之功能）最後凝為有條理有才質的人物，重視氣命過程理論的完整性。仁齋則少言此段，蓋主由實然言道德，性善不是善，行善才是善也。二者立於一氣流行通貫上下，使宇宙為一氣化實體，故對重形上道體、佛性，忽略形下實然成德工夫的佛老皆深不滿之意。另外，廷翰重氣本論理論之完整，仁齋則重孔孟學者，直接實踐成德，可謂不尚虛言之實學。

　　——原文發表於中國文化大學「東亞人文社會科學研究的新地平線
　　　　　　　　人物、文化、思想、海洋與經濟的交匯」
　　　　　　　　國際學術論壇，2019年10月4-5日。

柒　日本山田方谷「從一氣自然」的思想

──兼及中國明清的氣論

一　前言

　　山田方谷（1805-1877）是日本德川末期的陽明學者，其學主旨在「從一氣自然」，由宇宙一大氣的視角詮釋他對氣、道、太虛、自然的觀點。唯方谷又推崇陽明先生，倡言良知是氣的知覺精靈。於是陽明心學與明清氣學在方谷的思想中互有取捨。本文即立基於此，梳理方谷一氣的思想與心學的交涉與異同。同時引用明清時代主張氣本論的羅欽順、王廷相、吳廷翰及戴震等諸家思想與方谷的「一氣自然」做對照，也引用明清之際陳確、郝敬等少言天道，重是實踐的氣論這一學脈與方谷做對照。方谷自認陽明學者，所以也引用王陽明、劉宗周、黃宗羲等由良知說氣的觀點，與方谷思想做比較。希望在詮釋方谷「一氣自然」宗旨的同時，也用氣本論，氣顯道隱，心與氣一的三種角度，對比與方谷思想的異同，同時也可反襯出方谷思想的獨特性。

二　從一氣自然

　　　　宇宙間一大氣而已，唯有此氣，故生此理。氣生理也，非理制氣也。

故人克從一氣自然，則為化為義，為禮為智，萬變之條理，隨
生焉。此是聖門之真血脈，豈氣上可別加理哉。然自洙泗之學
絕，而濂洛之學興，其學以理為主。

理制氣，而理氣自判矣。而其所謂理者，出於人之思索構成，
而非氣中自然之條理也。[1]

方谷是「氣一元論」者，對宋儒開始討論的理氣關係，如朱子主張
「理生氣」、「理先氣後」的說法，表示反對的態度，而主張「氣生
理」、「氣先理後」完全不同的思路。「宇宙間一大氣而已」，指有時
間、空間界限的宇宙，其中無非是氣，所以可指涉說明的所有時間、
空間中的人倫日用，都是以氣的型態呈現的人倫日用。只說宇宙
「間」而不說宇宙之上或之外，可知方谷的「宇宙」是實然的，所以
理也不如朱子從形上說，理也是由實然界定義。由實然界說，可由感
官所能直接掌握的便是第一義的存在，而不可見的無形事物，成為第
二義的存在。於是可感知的氣是主體，氣中不可感知的內在規律，便
是第二義的氣中之理。所以從實然界看理與氣的關係，是「有此氣，
故生此理」氣先理後的次序。「氣生理」的主軸確立，施用於人倫日
用，便有仁義禮智等德目出現。氣若為形而上本體，要發為仁義禮智
等德目，便須湛入形下相對界，才能有四德之劃分。氣若由實然界
說，則氣內在流行變化之規則即所謂的理，此理便是氣內在自身不同
道德意向性的不同四德的方向，四德本身就是氣，較朱子形上理指導
形下氣而形，直截有效用。所以方谷主張「豈氣上可別加理哉」，認
為濂、洛之學以理為主，而理不是實然的自然的，而是「出於人之思

---

1 〔日本〕山田球：《孟子養氣章或問圖解》（大阪：惟明堂大阪支店據東京弘道書院
   藏版刊印，1902年），頁2-3。

索構成」是空泛的人為的。方谷的「氣生理」與朱子的「理制氣」是主體完全對反的兩條思路。

> 趙注「此至大至剛正直之氣也。然而貫洞纖微，洽於神明，故言之難也。養之以義，不以邪事干害之，則可使滋蔓，塞滿天地之間，布施德教，無窮極也。」
> 當其纖微靜漠，難於言之；及其養以直而無干害以邪，則蔓衍由微而著，由靜而動，則用之德教，無窮竭也。[2]

孟子「其為氣也，至大至剛，以直養而無害，則塞於天地之間」趙岐注曰「貫洞纖微，洽於神明」，言此氣是貫通無形與有形兩間，且非莽然無主的，而是有不測的神妙在其中。同時「可使滋蔓，塞滿天地之間」表示此氣能不已的流動，以至於充滿整個時空宇宙中，此乃「至大至剛正直之氣」之謂也。「蔓衍由微而著，由靜而動」此等語句，若放在由形上下貫至形下，而形上與形下判為兩截的模型，固然可以成立。唯若回到方谷「氣生理」的思路上，則「微而著」的「微」與「靜而動」的「靜」便不是形上的「微」、「靜」再鼓動形下的「著」、「動」，使氣充塞於天地間。而是「微」、「靜」等氣之無形初始狀態，直接沛然莫禦的發為氣之「著」、「動」有形豐富的狀態。蓋因「微」與「著」、「靜」與「動」皆同一實然之氣的層面。所以可由無形之氣通於有形之氣。唯此無形之氣是實然層的無形，非形上層的無形。可說方谷將形上層無形無限生生不已的本質統括在形下層有形有限的實然界中，使方谷的實然之氣，也飽涵了無形無限生生不已的體性。

2　〔清〕焦循：《孟子正義》（臺北：文津出版社，1988年），頁200。

何以謂天地之間一元氣而已耶？此不可空言曉，請以譬喻明
之。今者以版六今相合作匣，密以蓋加其上，則自有氣盈于其
內。有氣盈於其內，則自生自醸。既生白醸，則又自生蛆蟬
也。是氣也，無所從而生，亦無所從而來，有匣則有氣，無匣
則無氣。故知天地之間，只是此一元氣而已矣。可見非有理而
後生斯氣。所謂理者，反是氣中之條理而已。[3]

仁齋是早於方谷的「氣一元論」學者，從仁齋論氣的主張，可看出對
方谷論氣的影響，仁齋以為「天地之間一元氣而已」，「而已」二字設
定氣只在天地之間，天地之外或之上沒有氣，此種沒有形上與形下區
分如朱子理氣二分的思路，唯有天地之間有氣，而氣又有無形與有形
兩種狀態並存於實然天地間的思路，仁齋以為「不可以空言曉」，所
以舉匣中有氣為例，說明無形狀態之氣，雖然不可見，但仍有實然的
生生不息的作用與體質。舉例如木匣子本在天地之氣中，若加上蓋子
則匣子內仍有氣，表示氣有無形的狀態，且此無形之氣可大至天地，
亦可小至匣子之內，此乃在實然界指點出氣有無限的體性。有氣盈於
匣中，其中自然生出白醸、蛆蟬，表示氣有「由無而生有」的功能。
老子的「道生一，一生二，二生三，三生萬物，冲氣以為和」的模
式，從理氣為二的角度，可以說形上的道透過氣的凝結生出形下的萬
物，而有「無生有」的模式。若從「氣生理」的角度，無形之氣可直
接凝化成有形之氣的萬物，有形之萬物是實然界的氣，無形之氣也是
指實然的氣。此時「無生有」，便轉換成無形之氣生成有形之氣的內
涵。「是氣也，無所從而生，亦無所從而來」指氣在生滅的循環之前
即存在，加強了可生萬物之氣的根源性與普遍性，仁齋以氣為主體，

3　〔日本〕伊藤仁齋：《語孟字義》（東京：鳳出版社，1978年），收入《日本儒林叢
　　書》，第六冊，卷上，頁11。

以氣內在流行之規律方是理，如「理者，氣中之條理」方谷亦有如此之思路。

> 天地間只有一氣充周，生人生物。人稟是氣以生，心即氣之靈虛，所謂知氣在上也。心體流行，其流行而有條理者，即性也。猶四時之氣，和則為春，和盛而溫則為夏，溫衰而涼則為秋，涼盛而寒則為冬，寒衰則復為春。萬古如是，若有界限于間，流行而不失其序，是即理也。理不可見，見之於氣。性不可見，見之于心，心即氣也。心失其養，則狂瀾橫溢，流行而失其序矣。養氣即是養心。然言養心，猶覺難把捉。言養氣則動作威儀，旦晝呼吸，實可持循也。[4]

方谷主張「氣生理」，與陽明心為本體之學有距離，但很推崇王陽明，認為「王陽明千古之卓識者，而最明古今之變者，所謂氣中之條理，即良知說之精隨也。」[5]方谷重視孟子的良知說，認為陽明之學，由良知二字悟入，所以將陽明以心為本體的良知學，轉而由方谷所主張的「氣生理」的氣做為本體，成為良知即是氣的獨特說法。繼承陽明心學，亦接受氣論的黃宗羲的觀點，可藉以作為由氣說良知的方谷學說的對比參考。宗羲云「天地間只有一氣充周，生人生物」與方谷相同，皆主張一氣周流宇宙。然由宗羲是由心為本體出發，以為心體道德創造生生不已的作用，如同一氣周流宇宙一樣的普遍與無方向所在的限制。與方谷由一氣為體說的流行，在流行的作用上是相同的，在流行的本體上，則宗羲以心為本體，方谷以氣為本體，有明顯的不同。如此則二者實在是形似而體異的，不可混淆。唯又不可截然分判，

4　〔明〕黃宗羲：《黃宗羲全集》（杭州：浙江古籍出版社，1985年），第一冊，頁60。
5　〔日本〕山田球：《師門問辨錄》，收入《日本儒林叢書》，第6卷，頁2。

心體與氣體無關。因宗羲雖云「心即氣之虛靈」指氣之無限虛靈的創
造作用，是心體的流行。而「心體流行，其流行而有條理者，即性」
則對無限心體的流行，用相對界可分解說的「條理」來定義。那麼，
不可言語的形上心體，可以用分解的概念來說，心體的形上位階便在
言說中，被降低其無限性，而成可被言說對待者。此時與方谷由實然
說一氣充塞宇宙的距離，不像光譜的兩個極端對立，而是彼此藉一氣
流行其中有條理的這個脈絡，互相靠近。宗羲固是心學繼承者，然其
對心體流行藉用漢唐氣化宇宙論的四時，由春和而夏溫而秋涼而冬
寒，由實然時空的演化說心體流行，其內在理路，已不是由形上本體
說心體，已有由一氣說心體的成份在其中，所以會云「理不可見，見
之於氣。性不可見，見之於心」以理、性為不可見者，須藉氣、心做
具體的實現。故曰「心即氣」也。方谷說良知即氣，雖與宗羲在本體
的認知上有所不同，但重視一氣在實然界的流行，則是一致的。方谷
在《孟子養氣章或問》有云：「天地萬物一大氣耳，而氣者活物也」。
此種氣一元論的說法較接近〔明〕吳廷翰（1491-1559）的思路。

> 何謂道？一陰一陽之謂道。何謂氣？一陰一陽之謂氣。然則陰
> 陽何物乎？曰氣。然則何以謂道？曰氣即道，道即氣。天地之
> 初，一氣而已，非有所謂道者別為一物，以並出乎其間也。[6]

吳廷翰論述未見於《明儒學案》的記載，唯對日本的古學派，如伊藤
仁齋有受吳廷翰影響，方谷亦有受仁齋影響，故舉吳廷翰的氣論，說
明方谷氣論，是有所本的。理學傳統範域中的道，或如朱子有形上之
理說道，或如陽明由形上心體說道。二者皆將道高掛於形上本體位
階，與形下日用有了隔閡，為了修補形上與形下的距離，於是朱子採

---

[6] 〔明〕吳廷翰：《吳廷翰集》（北京：中華書局，1984年），頁5。

用居敬窮理的工夫，陽明採用致良知的工夫。力圖圓滿此隔閡，另外
尚有遠承漢唐的氣化宇宙論，由陰陽五行之氣的充周流行，來為實然
的人倫日用，規範其生生不已而又各自有條理的氣論來說道，如吳廷
翰、王廷相等。

　　吳廷翰認為萬物皆由陰陽相生而來，所以說「一陰一陽之謂道」
做為萬物所以生化的根源者是道，而能具體成就萬物為實然的則是
氣。若視道與氣為形上、形下不同的二者，那麼道是生生的所以然，
氣是生生的然，如同朱子的主張。若視道與氣為同體質，但不同位階
者，則可以說「氣即道，道即氣」，如吳廷翰的主張。但廷翰受宋初
提高理到本體位階的影響，所以也將氣提高到本體的位階，以氣為太
極。於是位於本體的氣，有本體無形狀態，凝結為萬物的氣，則為有
形的狀態。氣分為無形與有形兩種狀態，彼此藉著同有陰陽二氣的同
質性而貫通無隔。方谷的「天地萬物一大氣」，氣由實然界說，沒有
形上本體的意味。但氣中有內在生化之規律的理，理是不可見的，且
「理者」出於人之思索構成，思索是無形的思維活動，是不可見的氣
之條理。所以方谷的氣同樣有無形之氣與有形之氣的兩種樣態。只是
方谷的無形之氣仍是在形下實然界說的無形之氣，不是由形上本體說
的無形之氣。在與吳廷翰的對照下，凸顯方谷是在實然界說一氣通貫
有形與無形的。

三　氣生理

> 　　先師方谷先生常示及門之諸子曰：理者，氣中之條理也，順氣
> 之自然即天理也。氣之外非有理矣，先生又曰：氣生理也，非
> 理存乎氣也。[7]

7　〔日本〕山田球：《師門問辨錄》，頁15。

先生曰：氣生理，非氣泯理也。有氣則有理，謂理存于氣可也。但理從氣而變化，若以理為主宰，欲以制氣，此其所以滯于理，而妨理之活用也。[8]

山田認為萬物生化，是同一大氣所為，已如上述，進一步對理與氣孰為先孰為後？孰為主孰為從的關係，則主張氣為先氣為主的「氣生理」的思路。若以理為形上本體，則氣為形下盲動者，氣須依理而行，才能佈施德教。若以氣為形上本體，則有兩種方向，其一，本體之氣流行於萬物，而各殊的萬物之所以為萬殊的條件，即所以為萬物的理，是在形氣層時發生，則萬殊之理不在本體之內，理不在本體內，此本體不能是無限形上的本體了。其二，氣不由形上本體說，氣由陰陽二氣相生不已。那麼氣不是渾然純粹不可分解的狀態，而是以陰陽二氣的相生為其體性。陰陽是分解的概念，所以此時氣是實然層的又無形的。

「氣是一大活物」：「一大活物」指陰陽相生是生生不已，充滿流行於整個宇宙的。特殊的是方谷的氣，既是流行不已，貫通於有形與無形兩間。又是實然的，非本體的氣。方谷云「氣生理，非理存乎氣」指在理與氣孰為主孰為從的關係中，是以氣為主理為從的。因為要無形之理「生」出有形之氣，實際上有其困難，所謂「理生氣」最大的解釋，只能說氣依傍著、遵循著理而行。而「氣生理」理論所以能成立，在無氣有無形與有形兩種狀態，無形之氣以陰陽五行為內容，陰陽五行是分解的概念，已有實然的條件在其中。然後無形之氣順陰陽五行自身的變化萬端而凝為有形之氣，其中變化萬端的規律，即為氣之條理。此「氣之條理」不是氣外另一物加之於氣之上的理在

8　〔日本〕山田球：《師門問辨錄》，頁7。

氣先者，也不是氣外另一物附著於氣之內而理與氣是不離不雜的狀
態。方谷是在「理者，氣中之條理」的主脈下，不由形上本體說氣，
而是由實然層次說「氣生理」而理為氣變化萬端之條，故曰「謂理存
于氣可也」。

> 蓋通天地，互古今，無非一氣而已。氣本一也，而一動一靜，
> 一往一來，一闔一闢，一升一降，循環無已。積微而著，由著
> 復微，為四時之溫良寒暑，為萬物之生長收藏，為斯民之日用
> 彝倫，為人事之成敗得失。千條萬緒，紛紜膠轕，卒不可亂，
> 有莫知其所以然，是即所謂也。初非別有一理，依於氣而立，
> 附於氣以行也。[9]

羅欽順亦主張「通天地，互古今，無非一氣」由天地、古今論氣，氣
似屬於形下層。而「氣本一」是將氣中之動靜、往來、升降，及「積
微而著，由著復微」循環不已的作用，及通徹於四時、日用、人事等
有具體形態也有內在動靜循環的規律的人事中。其中「紛紜膠轕，卒
不可亂，有莫知其所以然」便是理。可見欽順認為「氣本一」中有無
形之理與具體事物，二者應為同一體質之氣，所以沒有理與氣「不離
不雜」彼此並不相通為同一體質的困擾。由「積微而著，由著復微」
的循環不已的過程，可知欽順是將無形與有形相生關係納入「氣本
一」中。所以氣固然是形上的，也可凝為形下的氣。形上氣中紛紜不
亂的理，正是形上氣凝為萬端形氣的所以然之理，與方谷的「氣生
理」做對照，二者皆主張在理氣先後關係上，氣比理有優先性，所以
可說「理者，氣中之條理」。在氣為形上或形下的屬性上，欽順認為

9　羅欽順：《困知記》（臺北：中國子學名著集成編印委員會印行，1978年），收入
　《宋元明清善本叢刊・中國子學名著集成珍本初編》，卷上，頁15。

氣有形上與形下兩種屬性，而方谷則主從實然面談氣，而實然層的氣，又有分無形狀之氣與有形狀的氣。

> 先生又嘗告作夫曰，無善無惡之說，自古辨論多矣，余有說焉。氣中之條理，為學之際，為學之標的無論耳。然氣中之條理其見解有二焉。條理具于氣乎？氣生條理乎？須先精察，蓋氣生條理也。氣之活潑變動，斯生條理，非始有條理之存焉，是非所謂無善無惡者乎？[10]

方谷在回應陽明四句教的「無善無惡心之體」的諸家不同詮釋中，認為「無善無惡」是道德本體的最高狀態，而陽明「無善無惡」的道德本體是由良知心體是絕對善的，永恆的普遍的道德創造不已來說的，而方谷是由「天地一大氣」的角度說最高本體，於是所謂「無善無惡」是道德本體的討論，被轉為「氣」是最高本體的討論。方谷認為氣比理在先後秩序上有優先性，所以確定「氣生理」的立場。氣既然可以生理，被氣所生之理，又以何種樣態存在氣中。方谷立於反對朱子形上理與形下氣二分的立場，提出對「氣中之條理」有二種見解。一是「條理具於氣」，此為朱子的脈絡，蓋「具」字表現理與氣是質性不同的二者。宇宙人物由圓融說，是理氣交融互體而為一的。由分解說順朱子之意，則理為形上氣為形下，二者在人物上的關係是「理不離於氣，理又不雜於氣」。這樣說「理在氣中」，更仔細的說是「條理具于氣」。而朱子的理是形上的，清虛無限的，不能以「條理」稱之，若要稱「條理」需待理如月印萬川般，落於形氣中，為不同形氣之所以然時，方可稱「條理」。唯方谷之氣無形上意味，所以其理也

無形上意味，可稱之為形下萬物的「條理」。二是「氣生條理」，方谷認為「氣之活潑變動，斯生條理」，宋明清諸儒多藉漢唐氣化宇宙論由四時、四方及五行等具體的時空及材質來詮釋宇宙人物的生化德教。此再由實然界提點其中的所以然之理隱然涵有形上意味。所以明清論氣諸儒雖講氣中有理，其理多有形上意味。唯愈重視人倫日用，教化成效者，理的形上意愈微，而氣的實然義愈顯著，在這重實用少言虛的風向下，方谷也是直接就「氣之活潑變動」有萬端可能發展下，指出所以變動的次序便是「條理」有「氣之變動」才有變動之條理。反對朱子的「始有條理之存」於氣之先的主張。

四 道

> 語曰；人能弘道非道弘人也。蓋天地有一大氣焉。人得此氣之謂性，率此性之謂道，人克知此性，而見斯道，實悟實得，透徹于斯心，體履于斯身，而後道始可弘矣。然古今儒生，往往求道于外，馳騁于見聞，陷溺于書冊，唯言說知解，以為道可得，何其惑之甚也。道存乎心，豈在書冊哉，學亦存乎心悟，豈在見聞哉，學者宜求諸心，奚可求諸言說知解乎？
>
> 古人曰：六經者，心之註腳，然則人之求道，唯克體認實踐于身心。而後證諸六經，而可矣。[11]

方谷由實然層面說「天地有一大氣焉」，而人得此氣為性，率此性之謂道。是順《中庸》「天命之謂性，率性之謂道」的理路，將「天命」的主體，改為方谷所主張的「一大氣」，至於《中庸》「修道之謂

---

11 〔日本〕山田球：《孟子養氣章或問圖解》，頁1。

教」的工夫，方谷則轉為要在身心上，體履的透徹，有所實悟實得，方是弘道之始。弘道工夫的重心，從朱子的居敬窮理等心理思索模式，轉到實際的身心，在人倫日用的踐履上作工夫。並反對用心在書冊見聞等身心外在事物上來求道。因為方谷的身心是以「一大氣」為體性，一氣本有的知覺與運動能力，在人身上便是心與身的呈現。如此人身與一大氣直截貫通無隔，不需要超越在人身上的形上天理如朱子學般的，先下學書冊、見聞。再上達形上天道，使生命做異質的超越的「道問學」工夫。反而較偏向以本心即天理的象山、陽明的「尊德性」路數的工夫。方谷以陰陽的良知為氣，與陽明「心即理」學說，在本質上有主心與主氣的分別，在人身與天道應當直截相同的思路上，彼此是一致的，所以方谷曰「道存乎心」。同時方論學道，主張「存乎心悟」，亦是因為道與身心，皆以「一大氣」為共同體質，所以「心悟」便是「道悟」此種人與道直截相通的思路，與陽明以良知為心體，能「致良知」便是良知的天理流行的模式相同，所以方谷主氣與陽明主心，主軸明顯不同，方谷所自願列身於陽明的良知學，也有一定的原因。

> 孟子言性必言工夫，而宋儒必欲先求本體，不知非工夫則本體何由見？孟子即言性體，必指其切實可據者，而宋儒輒求之恍惚，無何有之鄉。如所云平旦之氣，行道乞人之心；與夫孩少赤子之心，四端之心，是皆切實可據者。即欲求體，體莫著于斯乎？[12]

陳確（1604-1677）雖比山田方谷（1805-1877）早了近二百年，在當

---

12 〔清〕陳確：《陳確集》（臺北：漢京文化公司，1984），頁457。

時中日交通不便的條件下，二者應沒有關係。陳確在當時反對朱子學
務求本體，忽略人倫日用做工夫的批評風潮下，也主張以氣為主，修
正朱子的以理為主的說法。陳確論氣不從本體說，而由人倫日用切實
可據處，如四端之心，行道乞人之心等切實可做工夫處說氣。所以說
「欲求體，體莫著于斯」此意與「體認踐履于身心」的方谷，非常相
同。參照陳確的說法，可證明方谷論氣並非偶然的孤明，而是論氣必
存的一種發展。

> 一陰一陽，流行不已，生生不息。主其流行言，則曰道；主其
> 生生言，則曰德。道其實體也，德即於道見之者也。……其流
> 行，生生也，尋而求之，語大極於至鉅，語小極於至細，莫不
> 各呈其條理；失條理而能生生者，未之有也。[13]

戴震（1724-1707）是清初反對朱子重理輕氣。主張摒棄理學，復歸
漢唐氣化宇宙論老傳統的領導人物。所著《孟子私淑錄》一書，將孟
子的天道性命論的詮釋權，由頒為科考的朱子學手上拿回，重新由漢
唐的氣化宇宙論來詮釋孟子。陳確時代比戴震早約八十年，在理學、
心學的環境下，已轉由氣的實然一面來討論理氣問題。後來的戴震則
由漢代主流的陰陽五行生生不息的路數來取代朱子，戴震重視氣化流
行不已有形上的道體義，以此氣化之道做為萬物的初始根源，同時認
為氣化之道是實體的，不是如朱子的理是形上的、虛的。方谷在道是
氣，是實體的這點上與戴震相同，方谷的道形上意味則不明顯。戴震
認為氣化流行不已，方谷亦認為氣能「活潑變動」，氣是「一活物」。
戴震曰「德即於道見之者也」，認為流行不已的道，是原則性規定，

---

13 〔清〕戴震：《孟子私淑錄》，收入《戴震全書》（安徽：黃山書社，1995年），頁45。

不容易說明。可在實然層面的德之踐履中，體證道是實存的。方谷的
「求道，唯克體認實踐于身心」主張道在踐履中體證，亦同於戴震。
方谷不採朱子的形上理，反而重視實然面才可規定的「條理」，此與
主張陰陽五行生生不已中有其「條理」的戴震亦一致。方谷曰「萬物
化生，同一大氣」與戴震說陰陽是「與大極於至鉅，語小極於至細」
皆共同主張氣充塞宇宙。從方谷與戴震、陳確對氣的看法互有輕重，
可知方谷由實然面論氣，是氣學各面向發展中，自然會有的一方向。

> 道云者，無始無終自然真感。一氣自進退，自成轉定（天
> 地）。轉則日月星辰，是一氣進退，退進之凝見也；定則于中
> 上，木火及金水，是為四形而萬方形，此中土一氣進退，退進
> 之凝成也。故此一氣，滿轉、滿定、滿人身人心，滿于萬物，
> 無非一氣之生，無非一氣所滿之故。自然轉定人物中，惟一氣
> 求塞而無問矣。[14]

安藤昌益（1703-1762）早於山田方谷約一百年，是日本儒學中主張
「氣一元論」學者。昌益曰「無始無終自然真感」定義道是不受時空
限制的自然真感。道是「一氣自進退，自成天地」，天地萬物由一氣
自然的進退所生成，如此確立道與萬物通過氣之進退有了直接關係。
天上的日月星辰，是一氣進退循環不已的凝結作用所生成。地上的木
火金水也是一氣進退循環不已的凝結作用所生成。天上地下的萬事萬
物都是一氣所生成、所充滿。以陰陽五行生生不已解釋天地萬物的生
化，是傳統的漢唐氣化宇宙論的思路。昌益對此氣化論有所繼承外，
對自然真感之道，不從形上層來規定，反而重視實然面，將一氣自然

---

14 〔日本〕安藤昌益：稿本《自然真營道》五。

真感充滿於天、地、身、心來論道。如此論道，道的生生性、普遍性、永恆性濃縮在天、地、身、心中，使本屬有限的天、地、身、心富涵了道的生生無限的意義。天、地、身、心直接便是道，不須再由下學而上達，由人而天的層層工夫，才能使人與道不是合一，而是為一。方谷有云「言乎其本體，則孔子之仁，曾子之忠恕，子思之誠，孟子之仁義，是也。言乎其工夫，則或曰執中，或曰求仁，或曰尊德性，或曰集義養氣，其言異，而其道同」[15]方谷將各項德目的本體與工夫，是為同一之道，作為他「從一氣之自然」的學問宗旨，與安藤昌益「惟一氣充塞而無間」的思路，有明顯的傳承軌跡。

五　自然

《老子》第四十一章云：「道生一，一生二，二生三，三生萬物，萬物負陰而抱陽，沖氣以為和。」開啟了歷代由陰陽相生說明道的生生不已的發展。「沖氣以為和」一語又以氣因虛而動而愈出，將陰陽相生之道與虛而無窮的氣合成同一個宇宙本體。《老子》第二十五章有云：「人法地，地法天，天法道，道法自然」王弼注以為「道法自然」是道自身以自然為其內容。所以道是自然的代稱，自然是道的內容。第五十二章又云：「道之尊，德之貴。夫莫之命而常自然。」指本體之道落於人身的狀態為德。道為體，德為用，成為詮釋天與人關係的主要模式，而天與人能相通的條件在於彼此皆以陰陽相生不已的沖虛之氣為共同的內容。此天人相續不已的狀態，非人格天意志所決定，亦非人有意所為，故名之曰「自然」。一氣流行之自然，在道教中，固有具歷久不衰的傳統，在重道德實踐的儒家系，討

---

15 〔日本〕山田球：《孟子養氣章或問圖解》，頁1-2。

論氣化與自然關係者，亦不乏其人。方谷論氣是否受老子影響，尚不可知。但由氣之陰陽論「自然」則有一致性。

> 人之生與他物不同，自有其本來運動，即大氣運動也。人生來自然行自然之運動，未之直。有其直，則當有條理，此謂直。[16]
> 未感事物之情，一點不起意，則無善無惡之自然也，凡事來感之者自然也，逆迎之者皆動心也，陽明先生所謂格物者，事來而感應，順良知之自然耳。[17]
> 知覺運動之前非別有性，知覺運動即氣也。然就其形氣，各有知覺運動之分量，是即條理也。形氣同則知覺運動皆同。順其形氣之自，然是善也；悖其自然是惡也。知其順逆者，即良知也。[18]

方谷由人「自有其本來運動，即大氣運動」說人與物的不同，人與物本來皆大氣運動所成就的，而說人與物不同，不同處不在同為大氣運動，在「人生來自然行自然運動」亦即人之自然運動，是有道德涵義的「直」，及有道本身次序的「條理」，所以自然是道德的，有條理的，非純生物性質的自然，方谷以為「未感事物之前，一點不起意，則無善無惡之自然。」對天人關係，由分解的說，「未感事物之前」本體空寂超越，與物無對。「事來感知」者，本體落於有限層次，由人與物的相對，於是有往來人物的分別。方谷不談形上本體，把本體直接濃縮到形下人物中，人物自身內在並無形上與形下，不離與不雜的關

---

16 〔日本〕山田準編：《山田方谷全集》（東京：明德出版社，2000年），第1冊，頁754。

17 〔日本〕山田球：《師門問辨錄》，頁5。

18 〔日本〕山田準編：《山田方谷全集》，頁790。

係存在。形上以化掉形上位階的方式做為形下人物的本體。所以方谷的未感之前與已感之後，不是形上形下對立的，而是在事物的同一平面上，分感的前與後，既在同一平面上，感之前與後，仍為同一大氣運動所使然。而「逆迎之者皆動心」，表示大氣運動，其中沒有人為私心的造作營為，全然是一氣運動自然如此必然不可已的狀態。「自然」的特性在道德層面的展現，便是見父「自然」之孝，見兄「自然」之悌。方谷又說「知覺運動之前非別有性，知覺運動即氣也。」是說知覺運動的氣，自身就充滿於天地間，而天地是將有形層面與無形層面涵容在同一形氣平面的存在。可睹可聞的形氣，是知覺運動之氣的「之後」的實現，若有所謂的「之前」，此「之前」也在天地這一平面中，形氣之天地沒有所謂「之前」的虛無說法。所以順著形氣之「自然」在道德上便是善，悖著形氣之「自然」便是惡。可知方谷除了由形氣的運氣說「自然」，也將「自然」賦予善惡的道德義。明清之際，不善言天道性理，重言實踐的陳確的素位之學，有云「自然固指道體言，然捨卻日用，亦無處更覓道體。一言一動，無非道也。……所謂道無定體，隨時而在也。[19]」同樣，陳確的道鮮少形上意味，道只能在人倫日用中尋覓體悟，所以「指道體」的「自然」，固然是成就視聽言動的無所不在的主體。且此「自然」既非概念上的，也非生理上的自然，而是在一大氣上，道德日用上所說「自然」。

> 蓋天地之間，一元氣而已，或為陰或陽，兩者只管盈虛消長往來感應于兩間，未嘗止息，此即是天道之全體，自然之氣機，萬化從此而出。[20]

19 〔清〕陳確：《陳確集》，頁135。

20 〔日本〕伊藤仁齋：《語孟字義》，收入〔日本〕吉川幸次郎、清水茂同校注：《伊藤仁齋・伊藤東涯》（東京：言波書店，1983年），頁115。

受方谷影響的伊藤仁齋，以元氣中陰陽的盈虛消長，往來感應說一氣
流行充周不已，此便是「自然」之氣機。仁齋有「往來感應於兩間」
之句，其「兩間」指形上與形下的「兩間」？或是同一形氣平面內與
外的兩間？從仁齋的木匣子外有氣，同時「自有氣盈於其內」之句可
知，仁齋一氣是流行於人物的內在與外在的，所以仁齋的「自然」已
非一氣流行於形上形下兩間的老子式的自然，而是影響方谷將形上內
化在形氣中，在形氣中能貫通有形與無形的「自然」。

> 先生又曰：無善無惡，言形氣未生之前也，形氣既生之後有善
> 惡，有聲臭，推到此形氣未生之前者，陽明先生一人而已。孟
> 子所謂性善者，已有成形氣後之說也，凡落乎動靜之氣，則不
> 言「無善無惡太虛之體」。[21]

前段討論方谷把一氣的自然從形氣的層面說。此段亦主張「不言無善
無惡太虛之體」，方谷是如何看對「太虛之體」的？先看由氣說太虛
的張載的說法「太虛無形，氣之本體。其聚其散，變化之客形爾，至
靜無感，性之淵源。有物有知，物交之客感爾。客感客形與無感無
形，惟盡性者一之。」[22]張載規定「太虛無形，氣之本體」，太虛是沒
有時空、方所限制的無窮之氣說的本體，具有形上本體性格，「聚散，
變化之客形」表示有變形的形氣亦屬於太虛的概念中。所以「客感客
形、無感無形」的虛實兩層面皆屬於太虛。明代主張氣本論的王廷相
有云「天地未形，唯有太空，空即太虛，冲然元氣。氣不離虛，虛不
離氣。天地日月萬形之種，皆備於內，一氤氳萌孽而萬有成實矣。是氣

---

21 〔日本〕山田球：《師門問辨錄》，頁5。
22 〔宋〕張載：《張載集》（臺北：漢京文化公司，1983年），頁7。

也者，乃太虛固有之物，無所有而來，無所從而去者。」[23]廷相由
「天地未形」「冲然元氣」說太虛有形上的、先在的本體義，由「一氤
氳萌孽而萬有成實」說太虛有由無形凝結為有形天地萬物的實然效
能，而元氣能充滿往來於上下、有無的兩間。由同為氣本論的，主張
一氣貫通形上與形下兩間的張載、王廷相與方谷的太虛觀作對照，方
谷也有形氣未生前的無善無惡的本體意味，但方谷的重心是放在落乎
動靜之氣的孟子「性善」說上，超越的形上並非方谷所在意的。在方
谷前的中江藤樹對太虛的看法，可表示方谷的太虛觀是前所未承的。

> 人之性，得天而神靈光明，無不燭，無不自得，雖下愚不滅不
> 昧，故號明德。其之所以為德，神明不滅，至誠不息，虛靈洞
> 徹，中正仁義，寂然不動，感而遂通天下之故。雖方寸具而為
> 一身之主，其全體為太虛寥廓，包括天地萬物而貫通於萬物之
> 中。[24]

藤樹由人有「無不燭，無不自得」的神靈光明為明德。此「虛靈洞
徹，中正仁義」的明德，能展現「寂然不動，感而遂通天下」本體
的，寂感一如的上下共構成一體的本體，本體在天地萬物的全然無盡
的展開，便是太虛。如此的太虛應有超越的本體義，而藤樹是由形氣
的一身，及「包括」天地，「貫通於萬物」等語句，由形氣層說太虛
的內容。明末的郝敬（1558–1639）有云「太虛生人，如水生魚。人
在太虛中，如魚在水中。日用以其身如魚在水中，乘虛游泳。聖人所

23　〔明〕王廷相：《王廷相集》（北京：中華書局，1989年），頁894。
24　〔日本〕中江藤樹：《大學蒙注》（東京：東京明德出版社，1972年），收入《日本陽
　　明學大系》，第8卷，頁108。

以寂然不動，感而遂通天下之故。」²⁵郝敬重視日用實踐的素位之學，所以亦將超越的無限的太虛降到形氣層中，泯除太虛為純然形上，日用為純然形氣的對立，使太虛便是人身，人在太虛中，如同魚在水中。而「寂然不動，感而遂通天下」之意也不再是寂然本體，下貫於形氣層，使形氣之天下能有感通的能力的寂、感二分法，而是寂與感化掉彼此上與下的對立，寂與感同時在形氣層發生功能。可知同樣主張「氣一元論」的各家，張載、王廷相主張元氣貫通形上與形下兩層。無形之氣可凝結為有形之氣，有形之氣可散歸為無形之氣。二氣因位階不同而體質亦因而有所不同，又為同一元氣的兩種體段，是強調上下一體觀的太虛、道體。郝敬、藤樹、方谷的一氣亦應有本體義，唯將一氣的本體義放在日用實踐的層面中，使本屬有限形氣的天地萬物，也有寂感一如，虛靈洞徹的功能。概念上的本體意味變得隱微，而實踐上的本體充塞無間的功能，變得顯著而實際。此乃郝敬、藤樹、方谷有別於張載、王廷相，在「太虛即氣」的討論中，當有的另一方向的發展。

> 以人之良知為善，亦順人身自然之謂也；逆自然而後有惡而有善，非別有善也。人身未生而無順逆之可言。則謂之無善無惡可也。²⁶
> 先生曰：動靜者，俱動也。譬如呼吸，吸者雖靜，亦動中之事也。動靜俱無時，是無善無惡之體也。²⁷

---

25 郝敬：《時習新知》（濟南：齊魯書書出版社，1995年），收錄於《四庫全書存目叢書》，頁744。
26 〔日本〕山田球：《師門問辨錄》，頁8。
27 〔日本〕山田球：《師門問辨錄》，頁6。

　　方谷主張一氣即自然，氣之自然便是太虛、道體，這種思想是在形氣中說一氣之自然。這種模式，也應用到他所尊崇的陽明良知學中。陽明的四句教云「無善無惡心之體，有善有惡意之動，知善知惡是良知，為善去惡是格物」，其中「無善無惡心之體」一語，陽明是立基於本體立場，說良知是絕對的、超越的，是與物無對的「無善無惡」的境界。「有善有惡意之動」指良知本體於形氣層發動，便有相對的善或惡產生。方谷於前段有云「無善無惡，言形氣未生之前。推到形氣未生之前者，唯陽明一人。」方谷的「形氣未生之前」若指是形上的，超越的的無善無惡，是符合陽明的本旨。為陽明的無善無惡是由道德創造的本體來規定，而方谷是由一大氣來說無善無惡。所以二者的無善無惡的本質是不同的，此其一。

　　因為陽明的無善無惡是形上的本體，陽明雖也有著一氣流行比喻良知的流行，甚或有良知化於氣的表述，但良知仍是道德創造的本體的宗旨，並沒有改變。另外，方谷「形氣未生之前」的狀態，是指形上的無形之氣尚未凝結成形氣之前？還是未生之前的無形之氣與已生之後的形氣，是在形氣的同一平面上，且是內在於形氣中。差別在形氣成形的之前或之後，差別不在形氣凝為形下氣。方谷屬於上下分還是內外分？看方谷的原文「以人之良知為善，亦順人身自然」意指人身自然有良知，逆反人身自然便有善惡分別，此為形上落於形下便有分別的通則。而「非別有善」當指只有人身順或逆自然的善惡兩種情況，沒有跳脫「人身自然」這個判準的另外的善，如形上的善。「人身未生而無順逆之可言」人身有生才有順為善，逆為惡的分別，「未生」自然沒人身順逆的發生，所以此時「謂之無善無惡可也」可知方谷的「無善無惡」是扣緊「人身未生前」的狀態，與陽明由形上本體說「無善無惡」不同，此其二。方谷只對理學常討論的動靜論題，提出他的看法。朱子主張形上之理至靜，動是形下氣的事，動靜是二分

的，方谷在「從一氣自然」的立場下，主張「動靜者，俱動也」並舉例呼是動，吸看似靜，在一氣流行之中，其實吸也是動。於是呼吸動靜在人身中都是動。只有在跳脫人身的範疇外，才可說沒有動靜，也才可說此時是「無善無惡之體」。

六　神

> 或問：有物必有名，養氣之道，萬古同有，則孟子而前，何以名之。曰：事神是已。神者，造化之氣也。氣者，人身之神也。其為一也。二帝三王，以敬事鬼神為人道之要。詩書所載，歷歷而可觀矣。而事神之道，以正直為要。其為道一也，上古之世，風氣淳樸，私智未生，其君子則聰明正直，與鬼神合其德，其小人則敦樸正直，唯聽於神。[28]
>
> 然至於說神氣合一之蘊，則發之於易。易者，古之神道也。故其傳易，因神道明人事，而皆不出於陰陽二氣之自然。從其自然，而與鬼神合其吉凶，是即上承事神之道，而下開養氣之學。自非聖人，其孰能之。先儒謂：鬼神者，二氣之良能。此言尤得孔子傳易之旨。而是以識神之與氣一而不二也。子思傳其家學，一部中庸，亦專以人事立教。然其說本源隱微，則舉稱鬼神之德矣。[29]

《易繫辭上》第五章「生生之謂易，成象之謂乾，效法之謂坤，極數之來之謂占，通變之謂事，陰陽不測之謂神。」易傳提出生生不息為易之道，生生由生生不已的原則說，具有形上本體義，通過乾坤的成

28　〔日本〕山田球：《孟子養氣章或問圖解》，頁7-8。
29　〔日本〕山田球：《孟子養氣章或問圖解》，頁9。

象效法的作用，能鼓動化育群生，生生成為形氣的主體。形上無限的
生生，通過貫通本體與形氣間的陰陽，展現具無盡不測的完成作用，
此乃「不測之神」。漢唐的氣化論，認為「神」，乃陰陽之道創生不已
又無方所的作用，為「神」，「神」的作用流行於感官中，便是
「精」，「精」作用人身中，使耳能聽目能視等感官能有作用。方谷主
張一氣之自然，認為「神者，造化之氣也。氣者，人身之神也。其為
一也。」是順易傳陰陽有不測之神用的論題，討論神與氣的關係。神
是一氣造化萬有的作用，一氣運行是人身能知覺運動的神妙功能。神
是氣生妙不測的作用，氣是神能展現無盡生妙之場域及體質，所以二
者為一而非二。古時二帝三王的敬事鬼神之道，以正直為要，所以二
帝三王的為政，與正直亦為同一的道。所以氣與神為同一，為政與正
直為同一，且此同一，是在形氣人事同一平面上說的，不是說明形上
與形下互相貫通的同一，此為「神氣合一之蘊，發之於易」的方谷式
的詮釋。方谷認為「易因神道明人事，皆不出陰陽二氣之自然」如此
說法仍在易傳「陰陽不測之謂神」的詮釋主軸中，方谷又云「從其自
然，與鬼神合其吉凶」是事神之道與養氣之學，便將造化之神氣，除
了主導人事吉凶外，又多了「從一氣自然」的主張，如曰：「鬼神二
氣之良能。」如此就與孟子道德創造的良知主體，有些歧異。

> 自然神道，五行小大，進退一神，轉定一神，日月一神，明男
> 女一神，無始無終，常中不易，神也。進神妙，退靈驗，神靈
> 妙驗。真一神矣。故轉足人物，悉一神明所行也，然矣。[30]

昌益此處說的神不是人格神的神，是由陰陽五行生生的自然所說的

30　〔日本〕安藤昌益：〈神道太子失論〉（東京：農山漁村文化協會，1995年），收入
　　《安藤昌益全集》，頁222。

神，舉凡天地、日月、男女、進退等皆是自然神道的生成化育，神是
「無始無終，常中不易」的，不受時空限制又遍在時空為其生生不已
的常道。如此是由可描述定義的客觀的形氣層說其中陰陽生生不測之
作用為神，與易傳由形上的，原則的說明陰陽不測的神用，有不同詮
釋的面向，而方谷較與昌益論神的方向相近。

> 盈天地間，皆物也。人其生而最靈者也。生氣宅於虛故靈，而
> 其心統也，生生之主也。……其理則謂之性，謂之命，謂之天
> 也。其著於欲者，謂之情，變而不可窮也。其負情而出，充周
> 而不窮者，才也。或相什百，氣與質也。而其為虛而靈者，萬
> 古一日也。效靈於氣者，神也。效靈於質者，鬼也。又合而言
> 之，來而伸者，神也；往而屈者。鬼也。[31]

劉宗周是明末陽明學的大將，其學自然以陽明心學為主。陽明在四句
教中「知善知惡是良知，為善去惡是格物」等語，已將良知本體落於
形氣之人身中，作為善去惡的工夫，此便開啟了往人身談良知的方
向，劉宗周除繼承陽明師說外，也面對如何修正朱子重理輕氣，及陽
明後學重形上而往狂禪發展的積弊。所以劉宗周吸收了與心學同樣具
本體義的氣論，並以氣論對形氣掌握充分的能力，提出「盈天地一
心」、「盈天地一氣」。兩者看似矛盾，實則在道體流行上，可互相詮
釋的模式。方谷「從一氣自然」的立場，與陽明心學有本質上的不
同，但方谷又極為推尊陽明先生。特重孟子養氣一章。所以方谷主張
的神與氣為一，也可以在劉宗周的思想看到相似之處。「生氣空於虛
而靈」指有心體無限義的宗周，認為虛靈無限的作用，一樣存在生氣

---

31 劉宗周：《劉宗周全集》（臺北：中研院中國文哲研究所籌備處，1996年），第二冊，
頁327。

的作用中。只是方谷不強調生氣虛靈的本體義，宗周生氣虛靈的本體
義仍是宗旨。「效靈於氣者，神。效靈於質者，鬼」宗周將氣分為無
形之氣與有形之質的兩層面，本體義可以安立於無形之氣中，才質義
可以為有形之氣之質，此時本體已落於相對形氣中，不再是超越無對
的元氣。所以元氣陰陽不測的生用，在無對的層次是神，不測的生用
流行於形質間是鬼。方谷與心學意味重的宗周，在內容上，皆以神為
陰陽生生虛靈的作用，在位階上方谷之神比較由形氣層來說。

七　良知、養氣

> 良知之良，非善之謂，而自然之謂也。此氣無些子執滯，自然
> 感發者，謂之良知也。故良知非必于善者矣，只在人則善耳。
> 夫如豺狼之害人，在豺狼則良知也。其他萬物，皆非必于善
> 矣。在人亦聖賢各有剛柔之別，非一定之氣。唯順其氣之自
> 然，無些子之執滯，則條理自生也。[32]
> 良知即氣之知覺精靈者也。氣之直者，莫非良知。故直養無
> 害，則慊於心。不慊於心則餒者。以良知自知之也。有直養工
> 夫，則不必唱良知可也。且孟子之言良知也，以示人心自然之
> 知覺即為仁義耳。[33]

前面已討論對道、氣、自然、太虛等概念皆面對形氣層面論述，將其
中的形上的無限義，放在形氣層中展示道、氣、太虛等無限義，此非
形上在形下中展現的模式，而是在形下中展現無限義的模式。

方谷云「良知非必于善者，只在人則善」意指良知沒有普遍義的

---

32 〔日本〕山田球：《師門問辨錄》，頁482。

33 〔日本〕山田球：《孟子養氣章或問圖解》，頁11。

善，善在形氣間是相對的，沒有本體根據的。如豺狼吃人，在人為惡，
在豺狼則是善，善在萬物間之相對的價值標準，不能以為有一絕對善，
為人獸所共有。即便於人因有聖賢氣質上的剛柔不同，所以於此為善
者，於相對的彼者便成為惡。方谷論道、自然不採形上與形下二分法，
而是將在形下中展現無限性，成為內與外的二分法，方谷論良知的
善，仍承其一貫內與外有別的方法，認為良知的善，會因人我相對的
立場而有不同。減弱了陽明良知具本體普遍義。方谷云「良知即氣之
知覺精靈」指一氣自然在人倫日用中流行，便是良知之發用。良知有
知善知惡，及為善去惡的能力，此能力便是一氣自然在人倫日用中，
所以能行仁義的條件。陽明有云「良知本來自明，氣質不美者，渣滓
多，障蔽厚，不易開明。質美者，渣滓原少，無多障蔽，略加致知之
功，此良知便自瑩徹，些少渣滓，如湯中浮雪，如何能作障蔽。」[34]
可知陽明「良知本來自明」有本體義，及落於氣質層才有質美或不美
的分別。二者對照，陽明的良知是本體的，方谷的良知是形身自身有
限的。至於作為道德實踐的發動者與裁決者，二人則是一致的。

> 天地萬物一大氣耳，而氣者活物也，萬物有心，自能知覺，有
> 身，自能運動。知覺運動，傾刻不息，所以養其氣也。一日弗
> 養，何以能生活焉。不唯人為然，飛走動植，莫不皆然，故養
> 氣之道，與天地俱生，萬物同有焉，豈待孟子而後發哉。[35]

方谷認為養氣之道，與天地俱生，非待孟子提倡而後，所以養氣並非
人為，而是天地的自生與自養，擴大了養氣的範域，天地之氣能自

---

34 〔明〕王陽明；鄧艾民注：《傳習錄注疏》（上海：上海古籍出版社，2012年），頁
139。

35 〔日本〕山田球：《孟子養氣章或問圖解》，頁6-7。

養，在因「氣者活物」氣在心中而有知覺，氣在身中而能運動。氣之知覺運動頃刻不息，所以人自養其心，自養其身，亦頃刻不息。此種氣之自養的工夫，較人為努力作養氣工夫以復其初，分二步驟進行的方式，簡易直截許多。此亦主張氣論者多反對朱子的理氣二分，因要先下學再上達，步驟繁雜難成。

> 人身雖一氣之流行，流行之中，必有主宰。主宰不在流行之外，即流行之有條理者。自其變者而觀之謂之流行，自其不變者而觀之謂之主宰。養氣者使主宰常存，則血氣化為義理；失其主宰，則義理化為血氣，所差在毫釐之間。[36]

宗羲此段將一氣流行於人身中，於是人身的動作云為便是一氣的流行，人身以氣為不變的主體，此氣便是人身的主宰。如此的安排，可使一氣與人身彼此貫通沒有隔閡。養氣者能使氣常為人身主宰，「則血氣化為義理」，否則人身失去一氣「則義理化為血氣」，可知宗羲養氣之道亦求義理與血氣，不是判然為二的，而是身的範疇內，可交融為一的，此亦可做為方谷直截養氣之說的旁證。

　　——原文發表於中國文化大學「2020年東亞學國際學術論壇」，
2020年11月9-10日

---

36 〔明〕黃宗羲：《黃宗羲全集》，頁60-61。

捌　韓國李珥與明代羅欽順「理氣心性論」的比較

——以「理氣渾一」為詮釋進路

一　前言

　　李珥《栗谷集》在韓國儒學史上與李滉（字退溪）齊名，但兩人學問有所不同，但兩人學問有所不同，李滉順朱子學脈主張理氣互發，李珥亦順朱子卻主張理氣渾一。理學在韓國，分為主理派、主氣派，與理氣折衷派。李珥或被歸為主理派，或歸為主氣派、折衷派的說法都有，則李珥學脈到底為何者？有趣的是，這種現象亦發生在羅欽順身上。臺灣理學研究者，早期多把羅欽順歸為朱子理學，近來又有學者將羅欽順歸為主氣派，但筆者則主張將羅欽順歸為理氣渾一的學脈上。於是將分屬兩個不同國度，但同樣面對朱學進行思考，進而得出一致結論的李珥與羅欽順兩人，作一比較，以証明確有此一學脈的發展，是值得嘗試的工作，此即本論文的題旨所在。

二　理與氣之別義

（一）理

　　人之喜怒哀樂猶天之春夏秋冬，春夏秋冬乃氣之流行，所以行是氣者乃理也。喜怒哀樂亦氣之發動，所以乘是氣機者乃理。

> 大抵有形有為而有動有靜者，氣也。無形無為而在動在靜者，
> 理也。理雖無形無為，而氣非理則無所本，故曰無形無為而為
> 有形有為之本者，理也。有形有為而為無形無為之器者，氣
> 也。[1]

李珥不由形而上說理為本體，而是由理氣元不相離說理為萬化根柢。如此不能離氣說理，但理與氣仍有不同，由不同而共構成一實然世界。理與氣的不同，在於理是無形無為而為可動可靜之氣的規律原則。可動可靜之氣無理為其生生規律，則生生氣化如人之喜怒、天之春夏皆不能具體的完成。同時理非超絕形下氣之上的形上理，理是乘氣機生生之規律而說的。理與氣非異質異層的二物。

> 理果何物也哉？蓋通天地互古今，無非一氣而已。氣本一也，
> 而一動一靜，一往一來，一闔一闢，一升一降，循環無已。積
> 微而著，由著復微。為四時之溫涼寒暑，為萬物之生長收藏，
> 為斯民之日用彝倫，為人事之成敗得失。千條萬緒，紛紜膠
> 轕，而卒不可亂，有莫知其所以然而然，是即所謂理也。[2]

此段則為亦為修正朱學過於重理而輕氣的傾向，而亦將理由形上落在形下講，但仍保持理的本體義的羅欽順對理的重新詮釋。羅欽順亦以理為氣化萬端、品類不齊的規律原則，只是不強調理的形上、絕對、無限等本體諸義。而是叩緊種種有限形氣，從本體的動靜，到生化的升降，到四時、萬物、人我的各種發展方向或可能，規定出其中自然

1　〔韓國〕李栗谷：《栗谷集》，收入於〔韓國〕裴宗鎬編：《韓國儒學資料集成（上）》
　　（首爾特別市：延世大學出版部，1980年），頁341。

2　〔明〕羅欽順：《困知記》，卷上，頁6上。

如此的規律為理。可知二人之理，皆是由氣說的理。

> 理有體用，一本之理，理之體。萬殊之理，理之用。理何以有
> 萬殊乎？氣之不齊，故乘氣流行，乃有萬殊。理何以流行乎？
> 氣之流行也，理乘其機故也。理本無為，而乘氣流行，變化萬
> 端，雖流行變化，而其無為之體，固自著也。[3]

此段為李珥藉朱子「太極本然之妙，動靜所乘之機」的模式說理本無
為，但必乘動靜之機而顯。唯朱子主張理氣為異質異層的二者，李珥
的理乘氣機，則是由理氣一本立場立說。理由氣說，則理必有自體義
的一本之理，與乘氣發不齊而各為其體的萬殊之理的分別。如此本體
義之理與萬殊之理統歸於理中，而無重形上輕形下之病。同時氣流行
不已，方向各異，則理亦遍在萬化中，如此強化理的客觀性、無限
性，不只限於仁義道德層面，理自可為氣化萬變的規律與根柢，真實
世界有無交運時空錯綜，固然需重說萬殊之理，但亦需有一定不易之
理來統攝氣化不已之萬殊，故理需無形才可遍在各有形中，理需無為
才是尊重陰陽化生各種不齊之可能。

> 理，一也。必因感而後形。感則兩也，不有兩即無一。然天地
> 間，無適而非感應，是故無適而非理。[4]

此段為羅欽順亦強調理為全體、一體的文字。氣化升降往來本屬無形
層，及氣感而有形。其中由無形而有形的生化規律便是貫通兩間的
理，故理既在無形中為一本之理，亦在氣化中為萬殊之理。但觀點不

3　〔韓國〕李栗谷：《栗谷集》，頁341。
4　〔明〕羅欽順：《困知記》，卷上，頁19上。

可只放在一本、分殊二分的分解說法上，須兼知羅欽順與李珥有同樣
將理之體與用收攝在一理之中的渾融說法。

> 理之未發，渾然全具則仁之體也。理之既發，此心溫和慈愛，
> 理亦寓焉。理之在溫和慈愛者，乃理之用，非溫和慈愛便是
> 理。理之渾然而不可名狀者，則所以然者也。理之發用而在溫
> 和慈愛者，則所當然者也。[5]

此段為李珥在由氣說理的基礎下，因一氣生生不息，而有由體上說未
發，及用上說已發的不同視角。故理乘氣發，理亦有未發、已發不同
之位階。理之未發是一氣陰陽無始、動靜無端時的規律。氣化有無窮
可能，即有無窮可能之理，此無窮可能之理，即氣化無窮真正實現時
所依之所以然。理之既發，是陰陽交感凝為人形，人順未發之種種應
然之可能，而有的所當然如此的溫和慈愛的行為。所以李珥雖認為
理無為，但在理乘氣發的主張下，仍可有「理之已發」的說法產生。
同時藉著未發、已發之說，更確立理遍在形上、形下兩間中，且真可
統攝上下兩間為一理。如此既保朱學理的本體性，也不讓理與氣斷成
二截。

> 夫天地之間，事事物物，安有外理者也。蓋生于是理，死于是
> 理，未生之前只有是是理而已，既死之後，亦有是理而已。生
> 而有氣，死而無氣者，理之常者、順者。其或死不能無氣，發
> 為妖妄者，理之變者、逆者。[6]

5　〔韓國〕李栗谷：《栗谷集》，頁344。
6　〔韓國〕李栗谷：《栗谷集》，頁419。

此段為李珥強調理的永恆性、無限性，此為承續朱子的說法。但仍是由氣來說理，則讓無限之理，多了真實義，避開理易淪為虛空之病。李珥以為天氣亙古自存，化生天地，則天氣自身的規律之理，亦亙古自存。天地隨順氣化有始有終，所以如此始終之理即寓於其間。生之前、生之時、生之後、死無氣、死有氣，皆各有其所以如此之理。此是藉著有限之生死說理之永恆，非由絕對、無限之本體說理之永恆。李珥不願理蹈空淪虛之意圖甚明顯。

> 理無往而不定，不定即非所以為理。若看得活時，此理便活活潑潑地常在面前，雖然如此，要添一毫亦不得，減一毫亦不得；要抬高一分亦不得，放下一分亦不得，以見此理無往而不定。[7]

此段為羅欽順由「無往而不定」說理為無限遍在的規律，與李珥之意相近，但論述角度不同。李珥以為理之常變皆為理說理之遍在性。欽順以為理遍在，不論常變，理皆一定為其所以如此常變之規律。且此理增減高低不得，知此理為形上的、本體的理，此仍承朱子之理而來，但又不同於李珥不由形上無限說，而由現實「面前」感受理的無限遍在。

（二）氣

> 萬化之本，一陰陽而已，是氣動則為陽，靜則為陰，一動一靜者，氣也。動之靜之者，理也。凡有象與于兩間者，或鍾于五行之正氣，或受天地之乖氣，或生于陰陽之相激，或生于二氣

---

7 〔明〕羅欽順：《困知記》，續卷上，頁33下。

之發散。是故日月星辰之麗乎天，雨雪風霜之降于地，風雲之
起、雷電之作，莫非是氣。其所以麗乎天，其所以降于地，風
雲所以起，雷電所以作，莫非是理。[8]

此段為李珥由氣說本體，由氣說宇宙生化的主張。萬化之本由陰陽無
始、動靜無端的氣來規定其內容。則萬化皆是一氣的各種向度的真實
示現。李珥對氣本體如對理本體一般，未對內容多所發揮，而是直接
肯認氣為本體，而重點放在「氣動為陽，氣靜為陰」的一氣化生萬殊
的功能根據上。氣有動能的理論確立後，氣貫穿於二氣、五行、天地
中，化生成日月、星辰、風雲、雷電等，而有具體真實的萬物形成。
於是無形而有各種創造可能的是氣，具體成形生生不息的也是氣，故
有與無、上與下皆統屬於一氣。但此又非單純由物質層面說氣。此氣
雖有無窮向度之實現，但每一向度皆有陰陽動靜所以如此之規律在，
由此規律之主宰，才能貞定此向度之能真實完成。故李珥此時雖說氣
本，但是在「理必寓氣，氣必載理」的視角下說的。

氣本一也，而一動一靜，一往一來，一闢一闔，一升一降，循
環無已。積微而著，由著復微。為四時之溫涼寒暑，為萬物之
生長收藏，為斯民之日用彝倫，為人事之成敗得失。[9]

此段文字為羅欽順被視為氣本論學者的原因。欽順由動靜、往來、闢
闔、升降的循環不已來說氣的無形作用層面。但二五精氣會妙合而
凝，故氣會由陽動之作用，積微而著為萬物，亦會順氣陰靜之作用，
由著復微而消散為無。知此氣動靜相循之作用，藉著會凝聚之特色，

8　〔韓國〕李栗谷：《栗谷集》，頁350。
9　〔明〕羅欽順：《困知記》，卷上，頁6上。

通貫有形無形兩層，此為氣可做萬化本體之主因，若氣只是形下形質，則無法回答其從何而來？若氣只是形上作用，則無形作用與實物有何關聯？可使形下實物接受無形作用之指使！唯有貫通無形生生作用與有形各色品類的氣，才可統管有無兩間的宇宙。唯羅欽順與李珥皆是主張理氣並重，渾然一體的。故羅欽順的氣化各種可能中，有「莫知其所以然而然」的規律，便是氣中之理。亦即氣非離脫理的氣，如理氣絕然二分的氣。而是氣中有理的氣，如理氣一體的氣。

> 理氣本自渾合，皆本有也，非有始生之時。大抵凡物有始則必有終，天地至大，而惟其有始，故不免變滅。若使此氣之源實有所始，則其必變滅而有無氣之時矣。其形狀何如耶？惟其無始也，故又無終。無始無終故無窮無外也。[10]

此段為李珥由氣無始終說氣有永恆無限性。前已論述理遍在生死、常變中，氣亦通貫有無、上下兩間，此處進一步說「理氣本自渾合」則渾合之理氣之體，自亦無限遍在。由其無限可推知其為「本有」，是超越時空無始無終的本有，非順時間前進而為有始有終的有限形氣。有始終的有限形氣，是生化的暫時聚結處，不可為本體，無窮無外的無限之氣，涵括所有有形、無形間的生化，才可為萬化的本體。可知李珥的氣已非朱子有限的形質之氣，而上提到本體的位階。

> 蓋二氣之分，實一氣之運，直行去為陽，轉過來便是陰。[11]

羅欽順此段文字，亦是藉由陰陽往來循環不已說氣化之氣除有形質義

10　〔韓國〕李栗谷：《栗谷集》，頁339。
11　〔明〕羅欽順：《困知記》，四續，頁1下。

外，亦有無始無終的「本有」義。而形質之氣雖萬殊不同，但皆由本有義、本體義的一氣而來，故曰「實一氣之運」。朱子有云「若理，則只是箇淨潔空闊底世界，無形跡，他卻不會造作；氣則能醞釀凝聚生物」[12]朱子以理為形上無為之體，氣為形下造作之用，體雖在用中，但體用層次不同。而羅欽順則已將氣由形質層，上通至本體層，且是氣貫有無兩間的本體了。

> 問天地之生本稟元氣中之一氣，天地之氣則有限有時而可窮，
> 元氣則無限無時而不可窮耶？曰：然天地雖大，不過為元氣中
> 之一物，則天地中之物，亦不過大物中之一小物也。元氣分數
> 雖無加減，而常生生底，乃新氣也。大抵元氣生生不息，故此
> 天地雖終，而後天地亦從而出也。[13]

李珥此段文字，先確立元氣為無窮盡之本體，進而說此本體雖涵括天地萬物，唯其總量則不變。此總量乃一應然如此之總量，非可具體加減，量度的自然之總量。自然之總量，很難說多大才是無限大。但應然如此之總量，在境界上說它無限大，它就無限大。可知由元氣生天地，是由境界上的無限轉化成數量上的有限。同樣可加減的數量，大到無可計量時，便會在境界上昇華為無限大。所以說天地萬有皆在一氣本體中。但此無窮總量的元氣，內容並非一成不變，而是生生不息，日新又新的，此種新舊的更替不已，則在實然的形氣層中完成。於是每一個體雖有限，卻是無限元氣之部份與條件，有限個體可昇華具有無限本體的位階，其實就是無限本體藉著不同向度、位階的有限

---

12 〔宋〕朱熹：《朱子語類》卷一，頁5。
13 〔韓國〕李粟谷：《粟谷集》，頁379。

而展示其自己。萬物於是便皆獲得其主體性。從虛實的角度說，元氣不是虛的無限而是由虛而實，既虛又實的無限。如此說本體，已大異於佛老、陽明只有虛的無限的主張了。

> 夫天地間一大空，中在瓶則為瓶中之空，在甕則為甕中之空，隨其器之大小各為空。然而器中之空雖多而不損其大空，器中之空雖破，亦不補其大空。大抵瓶與甕破，則空無依著之器，故器雖無，而其所以空者，常自若。推此論之，則氣雖消長，而其本體之理亙古亙今，固嘗自若，而無少欠缺之時。[14]

李珥此段文字是強調形下氣雖有限，仍有理在其中貞定此形氣之成立。亦即氣往上推，可做為本體。氣往下說，仍有理確保任一形氣具有主體性，都應被如天道本體般看待。空如理，瓶甕如氣，任一氣中皆有理，非素樸無意義的氣。本體之理遍在形氣中，局於形氣而各為萬殊一理，此指理局於氣而言，但局於氣之理總和，及其本質，則仍為本體之理。值得注意的是，本體之理至高無上，為何會拘限於有限形氣？若把生命重心放在「乾道變化」上，則限制理的形下氣有限制義。但若把生命重心放在「各正性命」上，則局限理的氣，則有讓理能實現的完成義。說氣限制理，是重虛理而輕實氣。說氣完成理，是重實氣輕虛理。李珥與羅欽順面對朱學理氣二分的發展，都自覺地朝向理氣並重方向前進。

> 《正蒙》云：「聚亦吾體，散亦吾體。知死之不亡者，可與言性。」夫人物則有生有死，天地則萬古如一。氣聚而生，形而

---

14 〔韓國〕李栗谷：《栗谷集》，頁377。

為有，有此物即有此理。氣散而死，終歸於無，無此物即無此理。[15]

羅欽順此處說「無此物即無此理」似與前段李珥說理無消長彼此矛盾，其實是對理寓氣中的不同位階而有不同的說明。李珥理無消長，是指本體之理不受形氣限制而增減其無限性。羅欽順「理有聚散」是因氣有消長，寓於氣中之理，隨之也有消長。有氣聚必有氣聚之理，有氣散必有氣散之理。由形下說，氣在理在，氣亡理亡。若由形上說，形氣在理在，形氣不在形氣之理亦不在，但本體之理仍在。而本體之理在，則本體之氣亦在。故在羅、李兩人理寓氣，氣載理的視角下，形下之氣與理相依不離，形上之氣與理亦是一非二。以下即討論李珥與羅欽順所主張的「理氣是一」，及其異同。

（三）理氣一體

所謂沖漠無朕者，指理而言，就理上求氣，則沖漠無朕，而萬象森然。就氣上求理，則一陰一陽之謂道。言雖如此，實無理獨立，而沖漠無陰陽之時也。[16]

此段則為李珥先分解說理與氣的不同，再圓融地、整體地說理與氣是一體。朱子只強調理氣的分解說，少強調整體說。李珥與羅欽順則皆由分解說發展到整體說。李珥分解說理是無形無為的，氣是有形有為的，但整體來說，兩者並非全然異質異層的理為體氣為用的關係，如朱子。而是理與氣皆是體，理與氣皆是用，理與氣是同質同層渾然一體的關係，所謂體用，只是理與氣在不同位階的不同名稱。若分解說

---

15 〔明〕羅欽順：《困知記》卷下，頁8下。
16 〔韓國〕李栗谷：《栗谷集》，頁312。

就理求氣，就氣求理，仍會導向理氣為二的結論。但若由「無理獨立，而沖漠無陰陽之時」的整體觀說，就理求氣，指本體之理為發為萬象之根柢。就氣求理，指森然萬象同有一本然。如此說可化掉理氣二分在生命中產生種種的對立與斷裂，而強調任一生命皆是理氣共構共成、虛實並重，不可偏廢的。

> 蓋通天地、互古今，無非一氣而已。氣本一也。……有莫知其所以然而然，是即所謂理也。初非別有一物，依於氣而立，附於氣以行。[17]

羅欽順以為所有時間、空間，有形、無形皆為一氣本體所貫注充滿，而無有餘地。而陰陽無始，動靜無端，氣化生生有無限可能與向度，而任一可能與向度之所以真能實現，是因陰陽相生中有相應於此一向度的所以然在內主導其完成。

　　氣化無限中自有相應於各種可能的種種所以然。且此種種所以然，是指氣化自身內在的規律與原則。不是視氣化為形下，而只有一超越在形氣之上的形上之理，來主宰形氣之生化。如此理氣本無分別，只是一本而已。

> 有問於臣者曰：理氣是一物，是二物？臣答曰：考諸前訓，則一而二，二而一者也。理氣渾然無間，元不相離，不可指為二物。故程子曰：器亦道，道亦器。雖不相離，而渾然之中，實不相雜，不可指為一物。故朱子曰：理自理，氣自氣，不相挾雜。合二說而玩索，則理氣之妙，庶乎見之。[18]

17　〔明〕羅欽順：《困知記》卷上，頁6上。
18　〔韓國〕李栗谷：《栗谷集》，頁366。

李珥順「器亦道，道亦器」之說，認為道與器不應自限於無形與有形
的差別，藉著彼此之對立來肯認自我，如此有限的自我，如「理自
理，氣自氣，不相挾雜」，不能通達理氣渾融一體的宇宙。反之，若
放開彼此的對立與限制，而統合所謂的對立與限制，亦即理除是單純
之理外，也自我擴大成為寓於氣之理；氣除是素樸的氣之外，也擴大
成為載理之氣。而如此放開對立，涵容對方，自我擴充，以至於與天
地人我彼此疏通，理氣渾然一體而無別的境界。可知理氣由分解說，
發展至圓融說，是應有的一步。

> 僕從來認理氣為一物。易有太極，是生兩儀，兩儀生四象，四
> 象生八卦。夫太極形而上者也，兩儀四象八卦形而下者也。聖
> 人只是一直說下來，更不分別，可見理氣不容分矣。[19]

羅欽順亦明白主張「理氣為一物」。若分別說，則太極為生生之理屬
形上，兩儀四象為生生之形氣屬形下。但在形上理主導形下氣生化
時，若理與氣無一致的本質，則氣未必聽命於理，會使易道生生之架
構全毀。若由整體說，形上理是形下氣之本然，形下氣是形上理之實
現，理與氣之分別在各負其責以共構一渾然一體之宇宙。無此理與氣
之分別，則宇宙一團渾沌，不易為人所認知、掌握，進而參贊造化。
但理氣有別只是宇宙生化的條件，尚須進到理氣渾然無別的整體境
界，才是宇宙的完成！可見「理氣不容分」。

（四）理氣無先後

> 理氣無始，實無先後之可言。但推本其所以然，則理是樞紐根

---

19 〔明〕羅欽順：《困知記》，頁59上。

氐，故不得不以理為先。若於物上觀，則分明先有理而後有氣。蓋天地未生之前，不可謂無天地之理，推之物物皆然。理氣本自混合，皆本有也，非有始生之時。[20]

李珥又言理氣無先後，又言理為先，看似矛盾。其實是消化朱子理先氣後說，將之安立在其理氣無先後的架構中。理氣無先後是立於理氣一體為了物之本的立場說，但若由邏輯上說，則應先有理，氣才可依此理而生化。無此理之先在，氣將無法依之而生成，所以說理之氣化之樞紐。但李珥又以理為無形無為者，則理最多只能是生化的所以然，而不能是完成氣化的所當然者，真能完成氣化的所當然者則是有形有為的氣。故整體說是「理氣本自混合」，無先後之分的。而「天地未生前，已有天地之理」，實指有形天地未生前，理氣混合之體中，已有天地之理在，及二五之氣凝聚，天地之氣即依天地之理而成形。並非是理氣二分格局下的理先氣後。

　　即氣，即理，絕無罅縫。[21]

羅欽順說「即氣即理」，指形下氣如形上理般提升為形上氣，使氣既有才質義也有本體義。形上理如形下氣般具有才質義，使理既是本體，也是才質之理。整體言，理與氣的分別要去掉，而在本體層理氣是一，在形氣層理氣亦是一，此仍是分別說，全體圓融說，則本體之理氣與形氣之理氣亦無分別。如此理氣在上下、有無間「絕無罅縫」，自然無互為先後之可能。

20　〔韓國〕李栗谷：《栗谷集》，頁339。
21　〔明〕羅欽順：《困知記》，卷下，頁8上。

（五）理氣之體用

> 理有體用，一本之理，理之體也。萬殊之理，理之用也。理何
> 以有萬殊乎？氣之不齊，故乘氣流行，乃有萬殊。理何以流行
> 乎？氣之流行也，理乘其機故也。[22]
> 問之所以然者，理之體。所當然者，理之用。亦可得聞耶。
> 曰：氣之體用，陰與陽是也。曰：陰靜為體，而陽動為用耶？
> 曰：是。[23]

李珥以理與氣渾然一體，故氣有流行，理乘氣而有流行之理，氣有不
齊，理隨氣亦有萬殊之理。流行、萬殊之理皆由一本之理而來，故一
本之理為體，流行萬殊之理為用。此時已非朱子所謂理為體氣為用而
已。而是本體之理在本體之氣中，萬殊之理在萬殊之氣中，為體的是
本體之理氣，為用的還是萬殊之理氣，體與用皆是理氣，故體用不是
由理氣分，而是由形上、形下分。

氣以陰為體，陽為用。因陰無為似理故為體，陽有為似氣故為
用。但此為分解說，若由理氣渾融說，則陰靜為一氣生化的不易之原
則，故為所以然之體。陽動為一氣生化的創造作用，故為所當然的
用。實則陰靜非只氣之體而是有一本之理在其中，陽動非只氣之用亦
有萬殊之理在其中。可知在李珥理氣渾融的視角下，所謂氣之體用，
或理之體用的不同說法，實只是理氣一本的體與用，較之理體氣用
說，可謂整全多矣。

---

22 〔韓國〕李栗谷：《栗谷集》，頁341。
23 〔韓國〕李栗谷：《栗谷集》，頁374。

（六）氣發理乘

> 陰陽無始也，無終也，無外也。未嘗有不動不靜之時。一動一
> 靜一陰一陽，而理無不在以太極為陰陽之本，其實本無陰陽未
> 生太極獨立之時。大抵陰陽兩端，循環不已，本無其始。陰盡
> 則陽生，陽盡則陰生，一陰一陽而太極無不在焉。[24]

李珥此段主在說明一氣固是無始無終的本體，而其為本體的所以然是
太極。陰盡陽生，陽盡陰生，一氣生生不息的所以然也是太極。於是
由氣說，一氣生生有體有用。由理說，理即遍在於氣，為氣之體、用
之理。二者雖渾然無間，但仍須各司其責，共成其用。於是前述要放
下理氣之別，進至理氣一體境界的要求，在理氣一體觀確立後，要真
正實現此理氣一體的世界，又須回頭來要求理與氣各司其責，才真能
共構理氣兼備相融的世界。此時的重點，便在重新肯定所當然之氣，
與所以然之理的不同性格，而理氣不同性格的相互成全，便是真實
的、道德的宇宙人生能成立的必要條件。確定理氣須相互成全，便可
推知李珥主張「氣發理隨」的用心。

> 理氣渾然無間，元不相離。理無形而氣有形，故理通而氣局。
> 理無為而氣有為，故氣發而理乘。無形無為而為有形有為之主
> 者，理也。有形有為而為無形無為之器者，氣也。[25]

前段已言理氣雖渾然，但仍須各司其責，以成就造化。李珥於此段文
句，即明言理雖是無為，只是氣之所以然，但氣化生生不息，故為氣

---

24 〔韓國〕李栗谷：《栗谷集》，頁313。
25 〔韓國〕李栗谷：《栗谷集》，頁366。

之所以然之理，便隨氣化流行亦遍在流行之處，理乘氣發是基於理氣無間而必然如此的，非外於物的理，強加在氣化之上的。但氣有陰靜、陽動之分，故理亦乘氣之靜，亦乘氣之動。即所謂「譬之於人馬，則騎馬而行者謂之乘。騎馬而不行者，亦謂之乘。」[26]知理為氣之理，則氣一發而理必乘之，此乃無可懷疑的。李珥所以如此強調理必乘氣而發，或是因為朱學主張理氣二分，理主宰氣化，但理氣異質異層，彼此無根本性關聯。故理主宰氣，並不能保證氣必然接受理之主宰，而生天人理欲之斷裂。故藉著氣無限而其理亦無限，氣流行不已，理亦乘之流行不已，在理氣無間的保證下，不容有天人、理欲斷裂的發生。

（七）理通氣局

> 一氣運化，散為萬殊，分而言之，則天地萬象各一氣也。合而言之，則天地萬象同一氣也。鐘五行之正氣者，為日月星辰。受天地之戾氣者，為陰霾、霧雹、雷電、霹靂，則出於二氣之相激。風雲、雨露則出於二氣之相合。其分雖殊，其理則一。[27]

李珥此段文字是用「理一分殊」的架構說明理與氣的不同層面。由分解說，「理一分殊」用在氣上，則氣本體為理一，一氣生化之萬有，則為分殊。用在理上，則理本體是理一，乘氣發為萬有而隨在萬有的萬殊之理則為分殊。但理氣無間，氣發理必乘之，絕無分離之可能。故圓融地說，理氣無間之本體為理一，理氣無間之形氣為分殊。而理氣無間之理一，又非異於理氣無間之分殊的理一，此體之理一即在用之分殊中，而為此用之體。理氣無間之分殊，亦非異於異於理氣無間

---

26 〔韓國〕李栗谷：《栗谷集》，頁373。

27 〔韓國〕李栗谷：《栗谷集》，頁353。

之理一的分殊，此用之分殊即以體之理一為體，而為此體之用。如此化掉「理一」與「分殊」的框架與界限，直探理一與分殊的本質，則皆為理氣之渾融一體也。

> 性命之妙，無出理一分殊。蓋人物之生，受氣之初，其理惟一，成形之後，其分則殊。其分之殊，莫非自然之理，其理之一常在分殊之中，此所以為性命之妙也。語其一，故人皆可以為堯舜，語其殊，故上智與下愚不移。[28]

羅欽順同樣用「理一分殊」的架構，說明在理氣無間的視角下，理與氣的各種面向。人生初受之氣來自理氣一物的本體，所以有此氣的理亦來自此理氣一物本體的理，故曰「其理惟一」實則包括其氣亦惟一。形氣之有萬殊，乃氣化之各種可能，而氣化各種可能之所以然，即分殊之理。但如前段所言，理一與分殊若在理氣二分的主張下，彼此未必有共同性，而有斷裂對立之可能。但在理氣一物的視角下，則理一為分殊之體，分殊為理一之用，所謂「其理之一常在分殊之中」實則體用只是理氣一物的不同位階之名稱，而體與用的本質，則同為理氣一物也。但理與氣由分解說進到圓融一體說後，仍要落實到實踐的層面，於是作為共構宇宙的理與氣二條件，各具有被彼此需要，相互完成的主體性意義在。在理與氣必須互異以互成的要求下，自然有李珥「理通氣局」說之提出。

> 惟其理之乘氣而局於一物，故朱子曰：理絕不同。惟其理之雖局於氣，而本體自如，故朱子曰：理自理，氣自氣，不相挾

---

28 〔明〕羅欽順：《困知記》，頁9上。

雜。局於物者，氣之局也。理自理，不相挾雜，理之通也。今兄只見理之零零碎碎者，局於氣而各為一理，不見渾然一體之理，雖在於氣而無所不通。[29]

理通氣局要自本體上說出，亦不可離了本體別求流行也。人之性非物之性者，氣之局也。人之理即物之理，理之通也。氣之一本者，理之通故也。理之萬殊者，氣之局也故也。本體之中流行具焉，流行之中本體存焉。[30]

李珥此段明白說「理通氣局」要立基於本體，而示現在流行中。李珥以理雖乘氣而發，在本體界理氣渾然無間，則一氣流行不息，理亦隨之流行不已，此則為「理通」，其實因「氣通」而有「理通」，更準確的說是「理氣皆通」。而理隨氣發落在形氣層，則理亦隨氣之有形有限，而為分殊之理，理之有分殊，是受限於氣之局，故曰「氣局」，其實因氣局而亦有「理局」也。可知在本體上，理通氣亦通，是強調本體的無限性。而在流行上，氣局而理亦局，是強調流行的局限性。但若專門強調理自理的本體性，則理雖局於氣，而理本體仍自若，此則為本體上的「理通」。若專門強調氣自氣的主體性，則理本體亦會乘氣之有限而為分殊之理，此則為流行上的「氣局」。如此說「理通氣局」，指氣化流行雖有萬殊，但仍有本體之理為之主導，使萬有皆是有理為體的萬有，不是無根的存在。此為「理通」之意義。並且因為氣化萬殊限制理亦有萬殊，而統合所有分殊之理氣，才能共構一真實理氣一體的世界，此則為需要有具完成義的「氣局」的原因。亦即理氣一體之世界，不能由憑空想像而生，是要經由眾多「氣局」所共構而成的。而「理通」亦須經由體會「氣局」之體而來，才有其真實

29 〔韓國〕李栗谷：《栗谷集》，頁336。
30 〔韓國〕李栗谷：《栗谷集》，頁340。

性。簡言之，「理通氣局」的意義在於由重理輕氣，修正為理氣並重，同時是由氣說理。字面上看，氣會局限理。但在工夫修養、參贊造化的意義上，成就「氣局」就是成就「理通」。

三　心、性、情

（一）心

> 夫心之體是性，心之用是情，性情之外更無他心。故朱子曰：心之動為情，情是感物初發底，意是緣情計較底。非情則意無所緣。故朱子曰：意緣有情而後用。故心之寂然不動者謂之性，心之感而遂通者謂之情，心之因所感而紬繹思量者謂之意。[31]

李珥大致是順朱子心性情三分架構而說，但朱子是理氣二分。所以心與所發之情屬形下氣，而心之體的性是形上天理。由形上性理主宰形下心情之發用。但李珥主張理氣無間，所以雖然仍保留朱子的性為心之體、情為心之用的架構。實則已轉化心、性、情為理氣一體發用的不同功能與位階，而以心統性情。理氣一體之靈秀凝結為人心，而理氣一體賦於人為性，性仍具本體性格，故為心之寂然不動者。理氣一體之發用為人之情，情則是形氣具體之流行，故為心之感而遂通。李珥又特別強調意，順朱子的說法，以「意」為對情之發的商量計較，情發順清氣則善，順濁氣則惡，故商量情發的誠意工夫很重要。透過誠意工夫，可使存心所發之善性，順清氣而發，不揜於濁氣，使本然之善在流行中，能回復並持守正位。如是理氣渾一異通本體、流行兩

---

31 〔韓國〕李栗谷：《栗谷集》，頁365。

間，心亦通貫本體、流行兩間，心在本體是性，心在流行是情，心之
修正流行是意。性、情、意皆心在不同位階的不同面貌。

> 至精者，性也；至變者，情也；至神者，心也。所貴乎存心
> 者，固將極其深，研其幾，以無失乎性情之正也。[32]

羅欽順在理氣一物的視角下，也認為理氣一物的發用為人知覺的心，
心既是能如此，也是當如此的。理氣發用有無限可能，故心亦有不測
之神用。理氣一物為萬物的本體，以此體為性，性自是至精的。理氣
一物發用為流行，有萬端不齊，此種至變便是情。而性之精、情之變
皆由心來主宰，可知心即理氣一體在生命中具體化。

> 蓋人之知覺出於精氣，耳目之聰明，魄之靈。心官之思慮者，
> 魂之靈。其聰明思慮者，氣也。其所以聰明思慮者，理也。理
> 無知而氣有知，故有耳目然後可以聞聲見色，有心然後可以思
> 慮。精氣一散而耳無聞、目無見、心無思慮。[33]

李珥此段先確立氣即是心的本質，再分解說心能聰明思慮是氣之發
動，聰明思慮所以能成立是理。統合知之所以然的理與能知的氣，才
能共同完成具體的知覺作用。唯氣化不息、有生有滅，氣生心有知
覺，氣滅則心無知覺，但只是流行中某一萬殊的無知覺，貫穿在流行
中的本體，所謂天地之心，則仍為萬殊能知覺的本體。心若只是形下
的氣之靈，未必與實踐天理有必然的關係。但李珥的心由氣發動，有
理來貞定其具有天理之性格。則心既是當行之理，也是能行之氣，心

---

32 〔明〕羅欽順：《困知記》，卷上，頁1下。
33 〔韓國〕李栗谷：《栗谷集》，頁418。

之發用，便是理氣一體的知覺流行。

> 人生而靜，天之性也。感於物而動，性之欲也。感動之際欲居
> 仁、欲由義，欲復禮、欲窮理、欲忠信，如此之類謂之道心。
> 感動者固是形氣，而其發也直出於義禮智之正，而形氣不為之
> 揜蔽，故主乎理而目之以道心也。如或飢欲食、寒欲衣，渴欲
> 飲，如此之類謂之人心。其原雖本乎天性，而其發也由乎耳目
> 四肢之私，而非天理之本然。故主乎氣而目之以人心也。[34]

此段為李珥論人心道心。因為本體是理氣，故作為人之知覺創造的
心，在根源上亦是理氣。故心之知覺，雖是由氣所發，但氣發主要順
理而發，便會欲仁行、欲由義，此之謂道心。但理氣兼具之心，於氣
發之時，主要順氣質之私而發，自然飢欲食、渴欲飲，此之謂人心。
可知順仁義發，順飲食發，本皆為理氣兼融的心所本有的方向，應皆
屬善而非惡。如曰「道心，感動者是形氣」、「人心，原本乎天性」，
但此是在本源上說。若在氣化流行上說，因「氣局」之故，則會有理
主氣或氣主理的善、惡不同。形氣順內在本有仁義之理而發，在氣發
時又不為形氣局限，則可全然只順理而發，此乃流行上理主氣屬善的
道心。形氣順內在本有之氣質之欲而發，在氣發時又揜蓋本有之理，
不依理方向發用，則會全然只順氣而發，此乃流行上氣主理屬惡的人
心。可知心本質上，是理氣兼具的，屬善。在氣發後，有順理為善的
道心，不順理為惡的人心。人心、道心是在發為流行後才有分別的，
並非在心體即有為善、為惡之苗脈。如此看似同於朱子，將惡歸於
氣。實則朱子的本體理善、形下氣惡的說法，與李珥本體理氣皆善，
流行主理為善，主氣為惡的說法，本質上是不同的。

---

34 〔韓國〕李栗谷：《栗谷集》，頁324。

蓋道心常明，其本體然也。人心則有昏有明，凡發而當理即是
人心明處，發不當然卻是昏處，不可道心、人心一味是昏也。[35]

此段為羅欽順論道心為未發，人心為已發，引起爭論的文字。若從理
氣二分說，則道心為體，人心為用的說法，並非過錯。但依羅欽順本
體上認定理氣為一物的視角看，道心為體，人心為用，只是分解的說
明，最終尚須由理氣一物的圓融說，來作確解。亦即由分解說道心是
未發之體，人心是已發之用，本體清明，但落入已發之用，則有氣拘
物蔽而昏昧。此時體與用、未發與已發、善與惡分明對立，彼此沒有
同質性、一致性，即便用功，亦很難保證人心必聽命道心，或人心昇
華為道心。若由理氣一物的整體說，道心之體，不只是理之體，而是
理氣兼具之體，道心未發，指理氣一物仍在本體層上屬善。人心之
用，不只是氣之用，而是理氣同體的流行，流行時受氣拘物蔽影響才
有善惡。可知本體為善，流行才有善惡之別，但流行之惡的本質仍是
理氣一物的善，故只要透過復性工夫，便可去掉氣拘，重視本善。人
參贊造化，護持理氣一體之善的工夫的意義便在於此。可知李珥、羅
欽順兩人，在同樣主張理氣渾一不離的整體觀下，皆主張本體屬善，
流行有善有惡。只是羅欽順以道心為體，人心為用。而李珥以心體只
一，道心、人心皆為發用，兩人詮釋的方向有不同。

（二）性

大抵性即理，理無不善。但理不能獨立，必寓於氣，然後為
性。氣有清濁粹駁之不齊，是故以其本然而言，則性善情亦
善。以其兼氣而言，則性且有善惡，情豈無善惡乎？性雖有善

---

35 〔明〕羅欽順：《困知記》附錄，頁42下。

惡，而當其未發之際，幾微不動，四德渾然，氣未用事，故中庸謂之中，中者大本也。及其既動，其氣清明，惟理是從，則乃中節之情。惟其氣質不齊，其動也，氣或不清不能循理，則其發也不中。而馴至於惡，自其初動而已然，非厥初必善，厥流乃惡。[36]

此段文字為李珥由分解說本然之性為善，兼氣流行之性有善惡，唯人生不是分解的，而是整全的。所以李珥雖分解說理氣，本質上仍立基理氣無間，故曰「理不能獨立，必寓於氣，然後為性」。亦即理寓於氣才是性，否則應是道。此仍由理氣合說性。但若專就性中的無形的、道德的本然之理來說而不涉於氣，則此屬理一邊的性為善。若就兼氣的流行說，則性之理隨清氣發，清氣即生理流暢之發用，則性發為善情。性之理隨濁氣發，濁氣即生理不順暢的發用，則性發為惡情。可知理與氣互相成就，亦互相限制。互相成就時，本體與流行，皆氣清理暢而為善。互相限制，則專指流行時，氣濁理滯而為惡。值得注意的是「惡，自其初動而已然」一句，此「初動」非指性在本然層的初動，而是性兼氣流行時的「初動」，否則性在本體之初動也有惡，則性非純善的。可知李珥是性本善，流行才有善惡，與其心本善，流行才有道心、人心之分的主張是相貫通的。

所以知是非之理則性也，所以知是非而是非之者情也，具此理而覺其為是非者心也。又曰：心之全體湛然虛明、萬理具足，其流行該貫乎動靜，以其未發而全體者言之，則性也。以其已發而妙用者言之，則情也。然只就渾淪一物之中，指其已發、

---

36 〔韓國〕李栗谷：《栗谷集》，頁343。

　　未發而為言耳。非是性是一個，心是一個，情又是一個，如此
　　懸隔。[37]

此段仍是李珥「就渾淪一物」的整體觀，將之貫穿在心、性、情不同
的位階上，再分辨說位階不同，其功能作用亦有不同。從功能上說性
源自天理，是善的標準。心，既是善之體，也有為善去惡的作用。情
則是為善去惡的具體表現。從位階上說性是體，情是用，而統貫性情
的主宰則是心。此種「心統性情」是理氣無間的貫穿在未發、已發，
未發主宰已發的不同位階，分別說是三者，合說只是理氣一體的不同
面貌而已。與朱子「心統性情」是理氣二分，理氣各有其不相挾雜的
主體性的說法，是不同的。故可知性非氣外獨立的，專由本體位階說
理氣無間的便是性。此理氣無間之體在流行位階便是情，在主宰知覺
位階便是心。性與心情一般是同質同層的。不再如朱子將性推為形
上，心情歸於形下，而彼此懸絕。

　　朱子曰：天地之性，專指理而言，氣質之性，則以理雜氣而
　　言。只是性在氣質之中，故隨氣質而自為一性。性譬之水本皆
　　清也，以淨器盛之則清，以污器盛之則濁，澄治之，則本然之
　　清未嘗不在。本然之性、氣質之性非二性也。就氣質上單指其
　　理曰本然之性。合理與氣質而命之曰氣質之性。[38]

李珥順其心只一的主張，亦以氣質之性與本然之性只一性而非二。若
由理氣二分的分解說，則形上理賦於人而不雜於氣則為本然之性，及
形上理雜於氣，隨氣質分殊而自為一分殊之性，此則為氣質之性。如

---

37 〔韓國〕李栗谷：《栗谷集》，頁363。
38 〔韓國〕李栗谷：《栗谷集》，頁362。

此本然之性為形上。氣質之性為天理拘限於分殊後的狀態，並以此為不完美狀態，必要透過工夫修養，使拘於氣質而不全之理，脫離氣質拘限而重新回復其本然全體的狀態。唯人在「氣局」之下，要實踐「理通」已屬不易，及實踐時所依據之理論，本身又有理氣彼此互相對立的困難要超越，道德實踐之實成，更加困難。故李珥主張理氣無間，氣之發理必隨之，所有道德實踐，本身便是理氣兼備，既是應然如此也是自然如此的，不會自相矛盾，彼此限制的，亦即人只一性，即理氣渾一之體落於人為性的這一性。而本然、氣質之名只是為說明方便而暫立之名稱。如專指理氣渾一之性中有天理的部份，故名為本然之性。專指理氣渾一之性，是由理與氣二條件所構成的，則名為氣質之性。此種說法與李珥以理氣渾一統貫心、性、情、意間，雖有名稱位階之異，本質則相同的說法是一致的。

> 「性善」，理之一，而其言未及乎分殊；「有性善有性不善」，分之殊，而其言為及乎理一。程張本思孟以言性，既專主乎理，復推氣質之說，則分殊者，誠亦盡之。但曰「天命之性」，固已就氣質而言之；曰「氣質之性」，性非天命之謂乎？一性而兩名，且以氣質與天命對言，語終未瑩。[39]

此段為羅欽順藉理一分殊的框架，說明理氣無間，則落為人自亦只有一性，即氣質之性。因為在理氣一物的主張下，只說本體之理一，忽略氣有分殊，是「論性不論氣不備」。只說流行之分殊，忽略理之遍在，是「論氣不論性不明」。理一化為分殊，分殊以理一為體，理氣交融互攝才是整全天道。及命於人為性，性自應是理氣渾全的。亦即

---

39 〔明〕羅欽順：《困知記》，卷上，頁10下。

說性，便已是理在氣中。說氣質，是因有理氣質才成立。天道本體是理氣渾一，則命於人為性，性自亦是理氣渾一的，不可說人有二性。

（三）情

> 理本純善，而氣有清濁者，盛理之器也，當其未發，氣未用事，故中體純善。及其發也，善惡始分。善者，清氣之發也。惡者，濁氣之發也，其本則只天理而已。情之善者，乘清明之氣，循天理而直出，不失其中，可見其為仁義禮智之端。情之不善者，雖亦本乎理，而既為污濁之氣所掩，失其本體，而橫生過或不及。[40]

李珥雖強調本體是理氣無間的，但深知氣化不齊對道德實踐的限制，故在「理通」之時，更重視「氣局」對道德實踐所產生的影響，因流行中的善惡皆由此出來。情為心之發用，因理氣渾一之體為萬化道德的根源，所以心體未發時渾然至善，及其發也，理氣渾一之心順本身正常之氣化而流行，此正常之氣化流行，實即是以理為體的流行，氣順著內在生理流行，內在生理以氣之流行而彰顯，二者實無分別，統體只是天道的流行。若心之發是順著本身氣化之變，氣有變則已落於「氣局」的形下層，亦即氣化不能順其生理流行，生理受限於形氣，而不能再主導流行，此即為濁氣違反生理之惡即由此出！可知作心已發的情，在流行上有順清氣為善，順濁氣為惡的不同，但在心未發為情，仍只是心所具理的性時，性是純善無惡的。如此確保本體純善，惡由氣化不齊而來，本體中無惡的苗脈。李珥如此主張雖異於朱子，但亦為儒學發展應有的一方向。

---

40 〔韓國〕李栗谷：《栗谷集》，頁347。

情有喜怒哀懼愛惡欲七者，四端只是善情之別名，言七情則四
端在其中。若七情則已包四端在其中，不可謂四端非七情，七
情非四端也。然則四端專言道心，七情合人心道心而言。且四
端謂之主理可也，七情謂之主氣則不可。七情包理氣而言，非
主氣也。（小註：人心道心可作主理主氣之說，四端七情則不
可如此說，以四端七情中，而七情兼理氣故也。）[41]

李珥主張理氣無間，退溪主張理氣互發，於是對四端包七情，或七情
包四端有激烈論爭。但本文主在藉李珥與羅欽順皆主張理氣渾一來修
正朱學的理氣二分，以證明確有此一理路的成立，故對四七之爭留待
以後再予討論。李珥所以有四端七情之分，是因為在強調「理通」的
同時，對「氣局」的各種可能樣態及彼此關係，要同樣予以重視。亦
即理通不能憑空來說，要通過對氣局的各種狀態的體會，及修復氣局
的限制後，所有的圓融境界來說。於是理論的重心，更應放在「氣
局」的討論上，此為儒學重實學風所當有的發展。心順性而發，落入
有清有濁的氣中，遂有七者，此中有順清氣發者為善情，即四端，有
困於濁氣而發者為惡情，則為去掉四端後的三者。

　　如同前述，心性皆是理氣渾一之體的不同位階，同樣作為此體之
發用位階的情，自也是「七情包理氣而言」。於是就理氣渾一發用之
情來說，發用若順此體之常即清氣，便是合於仁義禮智之情，謂之四
端亦可。因為四端非只是理，而是理氣渾一清暢的流行。而所謂「四
端謂之主理可也」並非有理無氣，而是以理主氣。若發用順此體之變
即濁氣，便是不含仁義，四端以外的情，此情不只是氣，而是生理滯
礙氣化不順的情。即所謂「七情兼理氣故也」。可知七情兼有清氣、

41　〔韓國〕李栗谷：《栗谷集》，頁326。

濁氣之發，故有善有惡。四端專指情，由清氣發而為善者，故說「七情則四端在其中」。七情可兼四端，四端不能兼七情。「七情合人心道心而言」，則指理氣渾一之心，發順仁義不為氣揜為道心，發順私欲，不合天理為人心。道心人心皆心發後有的善惡，此說法與善惡皆情發後而有的說法一致。可見李珥對道心人心、四端七情、氣質之性本然之性的苦心安排，皆與其理氣並重的學脈是相一致的。

> 若心性二分，則道器可相離。情意二分，則人心有二矣，豈不大差乎？須順性心情意只有一路，而各有境界。而後可謂不差矣。何謂一路？心之未發為性，已發為情，發後商量為意，此一路也。何謂各有境界？心之寂然不動時，是性境界。感而遂通時，是情境界。因所感而細繹商量為意境界。只是一心各有境界。[42]

李珥此段心、性、情、意「只有一路，各有境界」可說是徹底宣告理氣渾一不離的整體觀是成立的。若心性順理氣二分，性為理心為氣二者不離不雜分明為二，則道器殊途矣。理氣渾一的整體觀貫穿在心、性、情、意不同的位階上，並為其體，則心、性、情、意相通，此謂之一路。但要完成道德實踐與參贊造化的重責大任，則必須承認心、性、情、意各有其不可或缺的重要功能。進而完成此整體不同位階的功能，此便是「各有境界」的重要性。簡言之，「只有一路各有境界」彰顯出李珥理氣渾一的圓融的境界。

---

42 〔韓國〕李栗谷：《栗谷集》，頁349。

四　結語

　　本文主要是針對李珥與羅欽順兩人關於理氣論、心性情論的原典，梳理出重要字句，試圖在直接面對原典下，能還原出兩人思想的原貌，以重新詮釋兩人學脈的特色與共同性。在理氣論上，兩人皆有理氣並重的性格，此應當是對朱學與佛老重理輕氣傾向的修正。而由提升氣到本體位階的發展，更是儒學重實用與對治佛老虛無的良方。又同時強調氣渾然一體而無別，則又堵住了理與氣異質異層不能合作無間的弊病。於是人即是天，天即是人，不會天人異路。其中李珥的氣發理乘、理通氣局，是正視道德實踐的艱難而有的卓越見解。羅欽順則專用理一分殊的方式來彰顯其理氣一物的主張。至於心性論，李珥在理氣渾一的整體觀下，提出心、性、情、意一路而各有境界面貌的說法，而有關人心道心、氣質之性本然之性、四端七情的論述皆在此整體觀下，又特別凸顯了真誠面對氣局以彰顯理通的重實性格。羅欽順亦是在理氣一物的視角下，面對人心道心、氣質之性本然之性的問題，既有分別的，也有圓融的討論。唯獨沒有李珥七情兼四端的討論。七情兼四端的討論，也可見出兩國儒學發展方向的異同。

　　——原文收錄於《第30次韓中學術會議論文集》，2009年9月2日

玖　韓國丁茶山的氣論思想

一　前言

　　朝鮮儒者丁若鏞（1762-1836，號茶山）著述豐富，經學著作甚夥，對毛奇齡、閻若璩都有涉獵。茶山思想出入朱子學，對朱子學有所改變。對陽明學，天主教思想亦有接觸。本文從明清實學重氣化實然的角度來討論丁茶山的氣學思想。丁茶山不再如朱子將太極或易，視為形上玄虛本體，而將太極、易視為以元氣為內容的實體。亦不再如朱子將性分為形上義理，形下氣質二者，反將天賦予人之大體中，有好德恥惡之意向為性、為善。此大體仍有往成就動物、植物世界的意向與條件。心如性般，是大體發生成就動物、植物、人倫各種路向的能力。但在儒教的主、客觀範圍下，心自然以成德教化為主要方向。如此反對了心分德性之知與見聞之知的二路，主張心只有一心，但有成就動物、植物與人倫的各種能力，證成元氣流行可生成天地與萬物。以下即分別論述之。

二　一氣混淪

　　天者一氣也，氣升水降不相交濟，是違行也。《坎》之勞幹。《乾》以行之，是作事也。《乾》行之前，先有《坎》智，是

　　謀始也。《訟》者對敵之卦也，貴在謀始。[1]

　　夫一氣混侖，二儀團合，其偏欹不正，故至于此。我邦水皆西
　　流，將亦地不滿西北乎？地體既圓，水形亦然。故大海之中，
　　其南北緯度每行二百五十里，北極出地必差一度。水形亦圓不
　　既明甚乎？[2]

丁茶山以氣為天地間的實體，氣固清揚，仍會下沉，水固下降仍含氣
化而升騰。指出無論是氣或是水，皆有陽升陰降之性質具于其物中，
萬物因自體中的陰陽互濟，所以有萬物的生成變化。如乾既可生出
坎，也可以生出訟，萬事萬物之不同，皆由乾開始。丁茶山如此論氣
是由易卦之變化推出萬物之變化。在易卦變化中指出天地自然氣化的
秩序。與明代王廷相、吳廷翰等強調自然氣化秩序中的理性與自然的
實體義相近，與劉宗周等將氣化流行中，充滿道德義的氣論路線較
遠。如「一氣混侖，二儀團合，其偏欹不正」，便非由充周飽滿的道
德本體論氣，而是由自然界實然狀況中，指點出氣化是有千差萬別的
實體。

　　易之為名，包函日月，是亦含氣之始。何謂未見氣乎？常怪陳
　　希夷《太極圖》、《坎》、《離》相交，陰陽已著，而尊之為無形
　　之道，其說蓋本于太易矣。夫謂有形生于無形者，造化之謂
　　也。今以太易為生物之本可乎？[3]

　　太極、兩儀、四象皆撰著之名。太極者，太一之形。兩儀者，

1　〔韓國〕丁茶山：《與猶堂全書》（首爾特別市：다산학술문화재단，2012年），第9
　　冊，頁186。
2　〔韓國〕丁茶山：《與猶堂全書》，第10冊，頁159。
3　〔韓國〕丁茶山：《與猶堂全書》，第9冊，頁189。

兩合之儀。四象者，四時之象。虞氏直以天地為兩儀。四時為
四象非矣。儀者，依倣也；象者摸狀也；豈實體之謂乎？[4]

丁茶山由氣化實然的層面論氣，論易亦一致。認為易之為最原始的本
體，本身既已含有日月、陰陽之氣，再由此無形但實有的陰陽二氣，
化生成四時，並延伸出萬物。此中關鍵處在於：若氣既不可見，又氣
內在並無陰陽交既等實體或實用存於其中，則此易此氣便如陳希夷、
虞氏認為是無。一個形式上，內容上都沒有內在的無，是如何生出有
的？持此論者如朱子站在形上理與形下氣二分的立場，認為氣化是依
理而生出萬有的。但如此「氣依理而生」的說法。在認為氣在本體層
時，雖無形不可見，但氣化成實然萬物的條件與理序，已在無形之中
所論者，如丁茶山是不同意的。丁茶山認為唯有氣在本體層也是實有
的，才可能生出實有的萬物來，不存在無能生出有的可能。若將本體
論與宇宙論分立，則朱子式的氣依理而生的說法可成立。若將本體與
宇宙兩面，在生命整體觀照與工夫境界中合看，而為「本體宇宙論」
則丁茶山說法是成立的。

《乾》者氣也。萬物之生，皆受氣化，故為天為父，與《坤》
為配也。又《乾》者，燥也，涸也。《坤》隱既燥，兌澤今
涸，所以為《乾》也。[5]
《乾》者元氣也，卦自《大壯》來。陽道既壯，又以《震》而
發之。元氣太洩，故移一陽以畜之，此之謂《大畜》也。[6]

4　〔韓國〕丁茶山：《與猶堂全書》，第9冊，頁184。
5　〔韓國〕丁茶山：《與猶堂全書》，第10冊，頁153。
6　〔韓國〕丁茶山：《與猶堂全書》，第9冊，頁187。

陰陽相濟化生萬物是普遍性的原則。但在重具體實然的丁茶山，則重
心放在元氣流行無間而又造成千差萬別的原則是什麼樣狀？故舉例如
《乾》本身雖是元氣之發用流行，但為造成某種時空狀態或某種事
物，乾會自我擴張或限縮，而成就出各各不同之事物，使得元氣之乾
既是原則性的生生大用，同時也是府城萬物各不相同的差別性作用。
丁茶山云：「火天尊而不親。此所謂『本乎天者親上，本乎地者親下
也』。火天大有，氣類相感也。世有聖君，則聖人必與相見，此「各
從其類」也。」[7] 元氣的差別性作用，自然使萬物之生，各從其類。
而陰陽交既的原則性作用，自然造成氣類彼此間的互通相感也。

> 著之時所儀象而為之也，彼象四氣，此象四時者，四氣之運以
> 配四時也。法象具而理義顯也。[8]
> 視世之不辨性氣，雜列寒溫。東撞西掣而不見功者，安知不反
> 復勝也。[9]

丁茶山由實體論氣，故對由兩儀四象的卦爻變化所演示的氣化生生有
其看法。茶山以儀為依仿，象為模狀，是依仿及描模氣化各種生理的
符號工具而已，儀與象本身並非所儀、所象的實體。只是具有延伸作
用的表意符號。將儀、象與所儀、所象分開，是基於本體無不能生
有，以氣化為體之無才能生有的立場而說。表意之儀、象非實體，所
儀、所象之物才是實體。如此則所儀、象之物，便是「法象具」又
「理義顯」。從「不辨性氣，雜列寒溫。東撞西掣而不見功者，安知
不反復勝」可知，若能辨性氣之或有寒或有溫，而且會寒溫反覆不

7　〔韓國〕丁茶山：《與猶堂全書》，第10冊，頁155。
8　〔韓國〕丁茶山：《與猶堂全書》，第10冊，頁142。
9　〔韓國〕丁茶山：《與猶堂全書》，第10冊，頁157。

已，此乃氣化有任何可能性，且證成氣化之為實體的無限的實然。如此據實然世界之秩序論述，較由儀、象變化的形式上的論述要實際得多。同時世界定儀、象是形物與非形物間的溝通工具而已

> 君道亢於上，而臣下不能導達其忠愛之志，則天地之氣不相交，而品物無以遂其生矣。[10]
> 得山河間氣，精忠與日月爭光。[11]

丁茶山論氣，主從重自然與實然路數出發，遠者如漢代王充，近者如明代王廷相等論氣時，理性義重於道德義。唯茶山固然出入於朱學，對陽明學與天主教也有涉獵，所以其學術除如王充、王廷相由理性論道德，亦有由氣化內在於人為性，性中有由自然之必然性昇華為道德的應然義的內涵。但此來自必然性的應然性，丁茶山又不若陽明學重心放在應然義，視自然義為第二義。而較接近劉宗周、王夫之等將必然義與應然義統攝在元氣流行中，而為一體之兩性，所以元氣流行無間不已，其生生不已之秩序的必然性，即已具有道德的應然義。故曰「得山河間氣，精忠與日月爭光。」如此由氣性說善。清代郝敬亦同有云：「性善原無理氣之分。性之初，理固善，氣亦無不善。習乃不善，氣與理原無二，性合理氣者也。」[12]郝敬亦是在反省朱學、王學好靜近虛後，轉重實然而有的說法。

10　〔韓國〕丁茶山：《與猶堂全書》，第9冊，頁187。
11　〔韓國〕丁茶山：《與猶堂全書》，第5冊，頁323。
12　〔明〕郝敬：《時習新知》，頁786。

三　好德恥惡之性

> 本然之性無有大、小、尊、卑之差等，特因所稟形質有清有濁
> 有偏有正，故理寓于氣，不得不隨而不同。《集注》曰：「人之
> 所以異於禽獸者在于形氣，不在于性靈。庶民去形氣，君子存
> 形氣。」豈孟子之本旨乎！性理家謂本然之性之寓于形氣，如
> 水之注器，器圓則水圓，器方則水方，是明明把人性、獸性打
> 成一物。[13]

以無限之道德本體論者，此本體賦予於有生之初為人性時，此本體仍
保有自體的無限性，故從內容說，此本然之性無大小、尊卑等差異。
有差異處是在此無限本體落於有清濁、偏全的氣質，此時的理寓於氣
的狀況，則可說性有偏全之別。而朱子主張形上理與形下氣為不離不
棄的狀態，理雖在形氣中，受限於氣，使理在表現上不能全然展現，
在方則方，在圓則圓，但理仍能保持其為形上本體。丁茶山以為易、
太極等本體其有元氣生生為其實體內容，元氣在形上層固為易、太
極，及轉換凝結為人形體時，此形體乃元氣的有限化與差別化。元
氣與形體雖有形上與形下位階的差別。但就兩者的體質與性格說則是
一致的。所以只有本然之性，沒有本然之性落於氣質又別有另一氣質
之性。

> 其在古經，以虛靈之本體而言之，則謂之大體；以大體之所發
> 而言之，則謂之道心。以大體之所好惡而言之，則謂之性。謂
> 天于生人之初，賦之以好德恥惡之性于虛靈本體之中，非謂性

13　〔韓國〕丁茶山：《與猶堂全書・孟子要義》，第4冊，總頁487。

可以名本體也。性也者，以嗜好厭惡而立名。……孔子曰「性相近」者，謂其好德恥惡之性，聖凡皆同。以此之故，兩人之賢、不肖，本相近也。習於善人，則薰陶漸磨，日進其德，此移于善也。[14]

丁茶山以元氣為本體為大體，強調天地萬物本為實然者，非由虛無生出者。由此元氣大體所發用為道心。以元氣大體之所好惡為性。如此分心與性，是由即體即用的本體觀落於人身其體為性，其體之用為道心的架構說的。此與朱子天理賦予人身為性，而性體不動，發動要由氣化的心來作用不同。但丁茶山的元氣太極賦予人應為具道體義的性。但丁茶山只認為元氣賦予人身之初，其全體應為虛靈本體，單就此虛靈本體中的好德厭惡的意向為性。不可將還有其他實然理則或作用的內容統謂之性。此種說法，保留虛靈本體除好德之意向外，尚有其他的意向或作用，作為生發萬事萬物的依據，而不單以道德意向作為虛靈本體的所有內涵，此亦丁茶山重實然的傾向中，必有的理性論述。

但其山川風氣，父母精血受之為氣質，不能無清濁厚薄之差，故大體之囿于是者，隨之有慧鈍通塞之異。……若論其體，只是一體，惟一大體之中含生如草木，知覺如禽獸，又能窮易象算曆數而神妙靈通，不可曰一體之中三性鼎立也。若一體之中三性鼎立，則心必有靈妙已覺而猶能觸覺者，觸覺已絕而猶能生活者。既妙合而不能離，則命之曰本然氣質之性，磊磊落落確為二體，恐亦有差牾者。何況性也者，非大體之全名，乃就

---

14 〔韓國〕丁茶山：《與猶堂全書・論語古今注》，第6冊，頁104-105。

　　大體之中，執其好惡之理而別立一名。[15]

荀子、淮南子皆有將性分為植物、動物等分別。朱子將性分為道德與
氣質二者。丁茶山在天地一氣的主軸下分別出有植物、動物與人獨有
的窮易象算數等性。以之來突破朱子認為只有易理、氣質二性的寡佔
局面。強調天賦與人只有一虛靈大體，此體中有草木、禽獸、窮易算
術等意向與能力，但此三種意向在大體中是妙而不能離的，能離者則
為有限，有限者不足者無限之大體。如羅欽順即僅對性分義理、氣質
為二，認為只有一性。反對心分德知與聞知為二，認為只有一心。羅
欽順與丁茶山皆主張一氣流行，反對形上形下二分者。可知在一氣流
行的思路下，形下萬物發生的可能性，早在元氣層中即有凝結為形
物，此各種可能性才具體化成各各事物。亦即形上體直貫為形下氣。
非朱子形上理與形下氣為截然二分者。

　　　　孟子之謂性善豈有差乎？但不得不善，人則無功于是。又賦之
　　　　以可善可惡之權，聽其自主，欲向善則聽，欲趨惡則聽，此功
　　　　罪之所以起也。天既賦之以好德恥惡之性，而若其行善行惡，
　　　　令可游移，任其所為，此其神權妙旨之凜然可畏者也。何則？
　　　　好德恥惡既分明矣，自此以往，其向善汝功也；其趨惡汝罪
　　　　也，不可畏乎？[16]

主張天地一氣，如王充、王廷相者，站在陰陽相濟有任何可能性的脈
絡下，認為性有善有惡。明清之際的劉宗周、王夫之雖也主張天地間
只一氣流行，且認為人只有一性即氣質之性，但氣質之性為善。至清

---

15 〔韓國〕丁茶山：《與猶堂全書‧論語古今注》，第6冊，頁105-106。
16 〔韓國〕丁茶山：《與猶堂全書‧論語古今注》，第6冊，頁107。

初陳確則輕玄道重人倫實然，認為惻隱、羞惡不算仁義，實踐人倫後，才算仁義。丁茶山視統會動、植、算三種意向者為大體，此大體的好德恥惡之意向方為性。且此性為善。與以上各路又有不同。丁茶山善的重點，不放在大體上說，因大體統有三種意向。而是將善放在大體中的為善意向上者。因大體有動、植、算三種性向，往動、植發展，便與善惡無關，甚至是違反善的。所謂「賦之以可善可惡之權，聽其自主」，固在大體上，有可善或可惡的可能，但丁茶山重實然，重道德之實踐，固自然會以人當權衡為善，方能證成大體中有性為善的存在。同時也由後天的實踐上談「不得不善」，來證成大體中的性為善。

四　神形妙合之心

> 心也，神形妙合，其發用處，皆與血氣相須。於是假借血氣之所主，以為內衷之通稱，非謂此鑿七竅而懸如柿者，即吾內衷也。故衷之內篤曰「歡心」。其篤愛者謂之「仁心」，其樂施者謂之「惠心」，然則人心、道心亦當與諸文同例，不必以此疑心之有二也。[17]

丁茶山以虛靈大體中有植物、動物、窮明象等意向性，而以窮理明象即好德恥惡之意向為性，並統此三性於虛靈大體中。此大體即天地一氣既為體亦為用者，即元氣流行於形上層亦生化於形下層者，而將元氣流行之神用凝合為同為血氣卻形殊態異的作用，即是心。於是大體中有動、植、算三種意向，而將此三種意向發用出來即心之作用。所

---

17 〔韓國〕丁茶山：《與猶堂全書‧大學講義‧心性總義》，第4冊，頁141-142。

以心有歡心、人心、惠心等不同意向之表現，而茶山之心的特點，即在於大體有三種意向，但統歸虛靈大體。同樣大體之各種意向的發用與完成便是心，但心有多種發展的方向，如對德性、理性甚或神性之完成，皆茶山與血氣相須，以妙合神形之心的範圍。

> 天于賦生之初，予之以此性，使之率而行之，以達其道，若無此性，人雖欲作塵剎之善，畢世不能作矣。……故天之于人，予之以自主之權，使其欲善則為善，欲惡則為惡，游移不定，其權在己，不似禽獸之有定心。故為善則實為己功，為惡則實為己罪，此心之權也，非所謂性也。[18]

丁茶山以人有三種意向，只有為善的意向屬於性。肯認人除德性外，尚有理性或神性亦需成就，提供了心有多元的發展特色。順推之，成就大體神用的心亦要多元的去成就各種意向性。唯對意向之多元究竟應以何方向為主？這乃心有權衡性與自主性的特色。在道德規範的儒學範疇，行善以成道乃終極之關懷，故丁茶山的心固然能發為理性或神性之用，但主要還是以發用完成善性為目的。故心要在發用德性、理性中做權衡與選擇，且此權衡是來自心的自主能力。而此自主權衡為善的心，因其內在來自天地間的精忠之氣。其外在來自社會道德的約束。如此內在與外在統歸於一心，以率性而達道。

──原文收錄於「第六屆新子學國際研討會」，2018年7月30日

---

18 〔韓國〕丁茶山：《與猶堂全書・孟子要義》，第4冊，頁438。

拾　越南阮達德《南山叢話》的心性思想

一　前言

　　《南山叢話》為十九世紀初的越南儒學家阮德達所作。越南長期受中華文化之薰陶，學者普遍以儒家為矩矱，然亦多雜有佛道思想，形成融匯各家於一身之特色，阮氏自不例外。時又逢西潮東進，東方亟思對策之際，故阮氏亦有重現實功利之傾向。本篇論文即以書中所顯示之心性思想為主題，析論其心性思想之特色與歸趨，並對順心性思想而提出之修養工夫，做一整理與說明，冀能對阮氏思想有一初步之認識，進而對中越儒學交流做出些許貢獻！

二　道、德、仁、誠

　　此節主在研究阮氏對儒家所主張之道、德、仁、誠等具有價值意涵的觀念，所抱持之態度。其中論道多有道家意味。德、仁、誠則仍不違儒家道德仁愛之本旨。

（一）道

　　　　或問大道，翁曰：覆天載地，孰覆載道，曰：自負載，惟其高
　　　　也，無上安覆；惟其廣也，無外安載；其深曷似，曰：似海，

今夫海，億萬丈之繩，測之不得其底也。[1]

翁曰：無可見而未嘗無可見也，無可聞而未嘗無可聞也。[2]

天地包涵萬有，而道可覆載天地，自較天地為高廣，此由與天地相較，對顯出道之高廣於所可知之天地。同時「無上、無外」又言其無有超乎其上、出乎其外更為廣高而未知者。超乎可知及未知，即超乎形上及形下，而不為形上或形下所限，可顯道大無限之義。另有言「道無方，惟無所向者，無所不通」（《叢話‧大道》）道既無限，自不能為方向所限，則無方向，正表其無所而不為方向，自能無所不通於天地間。「無可見而未嘗無可見」言，通乎天地之道非有限耳目所可見，但又具存於任何時空，故亦非無可見。又有言「道易見而難狀」（《叢話‧大道》）易見言道或顯或隱而無所不在，難狀言道不能被描述定義，否則便限制於所狀之中，失其無限義，此亦《老子》四十一章「道隱無名」之義。

人自己出也，道自自然出也。[3]

道簡以易，如其修之，不要而邁耳，有不為，無不能。[4]

「自自然出」當言道由自然得其自然而然之義，而道即以自然為內涵，非言道由自然來，否則道之上另有一自然，即失其超越之義。此正如王弼注《老子》二十五章「道法自然」所云「道不違自然，乃得

---

1 〔越南〕阮德達：〈大道〉，《南山叢話》（臺北：國立臺灣大學出版中心，2016年），頁26。

2 〔越南〕阮德達：〈大道〉，《南山叢話》，頁29。

3 〔越南〕阮德達：〈事言〉，《南山叢話》，頁104。

4 〔越南〕阮德達：〈大道〉，《南山叢話》，頁27。

其性，法自然也」[5]，以「得其性」釋「法」，則綰合自然與道為一、而非為二，道既自然，自可言「簡易」之義。易傳有云：

> 乾以易知，坤以簡能。易則易知，簡從易從。易知則有親，易從則有功，有親則可久，有功則可大，易簡而天下之理得矣。[6]

簡易正合自然無限之道的原則，其作用則易知易從，順之以成己成物，自可大可久，易知易行而「無不能」。

> 或問求道，翁曰：毋思其不可思，可思即道，毋為其不可為，可為即道。夫道也者，無思而無不思也，無為而無不為也。[7]夫道裁器者也，圓乎規，方乎矩，平乎準，直乎繩，洋洋乎，可由而不可竟也。可知而不可名也，故曰大道不器。[8]

「毋為其不可為，可為即道」，或言未得道前，但為其可為者，毋為其不可為不可知者，以免蹈空淪虛。或如「不通其不可通，知弗通之為通，幾于道」（《叢話・事言》）所云，能通曉弗道亦道之所為，故對不可通者不執意去通，實幾於通道之義。故人在求道過程中，明乎天人有別，人不須亦不能無所不為，則但為其所可為，便是明乎有限通曉無限，便是「可為即道」之義。「無為而無不為」語出《老子》三十七章「道常無為而無不為」[9]意謂天道簡易自然，無心作為，但

5　《老子王弼注》（臺北：河洛圖書出版社，1974年10月），頁35。
6　語出《周易繫辭上》（臺北：藝文印書館、1976年5月），頁144。
7　〔越南〕阮德達：〈大道〉，《南山叢話》，頁29。
8　〔越南〕阮德達：〈大道〉，《南山叢話》，頁38。
9　〔魏〕王弼：《老子王弼注》，頁49。

因其無心無為反不落入有心有為之有限中，反有無不通、「無不能」之功用。「大道不器」言道「可由不可竟」故既為規圓之因，又為矩方之因，洋洋乎為裁器之準繩，而非只一器用。知阮氏是由廣高無限，易見難狀言道無形無所不在之本體義！由自然簡易，言道無所不能之功用。由可為即道及大道不器，言其為實現萬物與裁成萬物之根本。如此論道較近道家，而較少儒家天道剛健仁愛之義！

（二）德

> 德者灌人之實者也……惟大德為不息。[10]
> 積德在心，惻隱之充，即德也。[11]

「灌人之實」下雙行小註云「潤于己而浸灌及人者德也」浸潤人我而無遺言德有普遍義，「積德在心」則言此德既普存於人心中，又以「惻隱之充」為內涵，朱子亦云「德，謂義理之得于己者」[12]故真實地充其惻隱之心，以顯發本具之義理於人我間便是德。「大德為不息」下雙行小註云「大德之人利澤及人，自無止息。」又言「天地之大德曰生」（《叢話・平居》）生德言其為愛之無私，無息言其利澤之不息。此則順《易・繫辭傳》下「天地之大德曰生」[13]之意，由為愛無私，利澤無息言德。如此德既能充其惻隱，又浸潤不息，自可上提為一價值標準，而「德昭天下」（《叢話・格物》），下為規範行為之準則，而「斷其甘言、絕其機事，幾于德矣」（《叢話・涉世》）。

10　〔越南〕阮德達：〈仕進〉，《南山叢話》，頁168-169。
11　〔越南〕阮德達：〈福德〉，《南山叢話》，頁514。
12　語出〔宋〕朱熹：《四書章句集註》（臺北：復文圖書出版社，1990年9月），頁162。
13　《周易・繫辭上》，頁166。

（三）仁

> 翁曰：同，父之于子，飲食之仁也，棒撻之亦仁也……其為愛
> 之一也。[14]
> 常與暫之別，真與假之故也，非仁而假仁，未有不害仁。[15]

父飲食子，固根於本性自然顯發之愛；然棒撻子，欲其存善去惡，此
亦不可自己之愛之表現，故曰：「夫仁者，愛也，所以去害而全愛」
（《叢話・兵要》）飲食之是愛，棒撻之表面上非愛，但因其出發點是
愛，故「其為愛一」，如此便點出以愛說之仁，是超乎相對之上，而
為絕對形上之理。朱子亦云仁為「愛之理」[16]即以愛為人本有惻隱之
情，而所以惻隱之理便是仁！然此超乎相對之上的仁，又非虛空不
實，而是植基於生命，貴在實踐之實理，故曰仁是「真」是「常」，
「施仁在愛」。如此仁既上合天道而無限遍在，又是有惻隱之愛的真
實存在！此即明道所謂「仁者，以天地萬物為一體，莫非己也。認得
為己，何所不至。」[17]之意。

> 君子之于仁也，非為蹠蹠焉往生也。若癢之搔，若倦之寐，不
> 可以已。[18]

「不可以已」言仁乃生命所欲實現之理，行所欲行乃生命之根本欲
求。朱子亦云「仁，渾淪都是一個生意」[19]生意正言仁有不可以已地

14　〔越南〕阮德達：〈敘倫〉，《南山叢話》，頁389。
15　〔越南〕阮德達：〈治道〉，《南山叢話》，頁181。
16　〔宋〕朱熹：《朱子語類》（臺北：文津出版社、1986年12月），頁111。
17　〔宋〕程顥、程頤著：《二程集》（臺北：漢京文化公司，1983年9月），頁15。
18　〔越南〕阮德達：〈志行〉，《南山叢話》，頁97-98。
19　〔宋〕朱熹：《朱子語類》，頁107。

欲自我實現之義，此正合儒家仁道剛健不息之義！

（四）誠

> 夫誠者天之道也，賞罰不以我而以天，服刑一而勸懲百矣。[20]
> 天誠物誠。[21]

「天誠物誠」句下雙行小註云「天以誠生萬物，而物之生無有不誠」天生物以誠，而物即以誠為其生之本。朱註《中庸》二十章「誠者，天之道」云「誠者，真實無妄之謂，天理之本然也。」[22]誠乃真實之天理，而天即以此誠生物，則物皆成其為真實之物。而物以誠為本，物皆合乎此真實之天理，故天無不誠，物以無不誠，天地之道，只此一誠！「賞罰不以我而以天」則明示此誠乃不待思勉即可明善誠身之道德標準，而所謂「辟心夢莫如誠，誠則覺之原也」（《叢話·德性》）亦明言，省覺過惡莫如以誠為起始。

> 君子誠于此動于彼，號令未發，志先喻之。[23]
> 其言也，以天心呫嗫也。其行也，以天心動化也。心感心而天下和平，亦日誠而已。[24]

「誠于此動于彼」言誠有感通之義。「通天下之志曰誠」（《叢話·涉世》）亦言誠可超乎號令之前，以天理相感通，成就彼此真實無妄之本心，此即《中庸》二十五章所云「誠者，非自成己而已也，所以成

---

20 〔越南〕阮德達：〈刑賞〉，《南山叢話》，頁286。
21 〔越南〕阮德達：〈敘倫〉，《南山叢話》，頁389。
22 〔宋〕朱熹：《四書章句集註》，頁31。
23 〔越南〕阮德達：〈談餘〉，《南山叢話》，頁578。
24 〔越南〕阮德達：〈才情〉，《南山叢話》，頁157。

物也。」²⁵故君子以天心言，人皆感其言，以天心行，人皆感動而
化，而天心即「心感心而天下和平」之誠。知誠既有道德準繩之義，
又有以道德相感通以成己成物，通貫內聖外王之用！

三　心、性、天、氣

　　阮氏論心、性、天三者之關係，不違孟子心、性、天是一思路。
但心、性、天三者之內容，則滲入不少道家色彩。另或受宋儒論氣之
影響，亦強調現實層之氣，及其承載道德之工具義！

（一）心

> 天虛故大，心之虛也，亦無畛也。²⁶
> 心一太虛也，真則虛，妄則塵。²⁷
> 聖言鐘也，鐘待撞而鳴，己不自鳴。聖行矢也，矢因弦而發已
> 不自發，故曰聖心太虛也。²⁸

「心虛亦無畛」言心大由虛來，而虛以天之大為其內容，所謂「天虛
故大」及「方寸之心容天地萬物」《叢話‧德性》便皆以心虛為能大。
《老子》亦云「致虛極、守靜篤。……歸根曰靜，是謂復命，復命曰
常，……知常容，容乃公，公乃全，全乃天。」²⁹意謂虛靜可免沾滯
於情識，而超乎其上，以復歸本心虛靜之常，知此常則能無所不包，

25　〔宋〕朱熹：《四書章句集註》，頁34。
26　〔越南〕阮德達：〈德性〉，《南山叢話》，頁132。
27　〔越南〕阮德達：〈大道〉，《南山叢話》，頁31。
28　〔越南〕阮德達：〈事言〉，《南山叢話》，頁104。
29　〔魏〕王弼：《老子王弼注》，頁18。

無不周遍。故心虛靜非言無物，反因不滯物而無所不包物，成其為無畛之大。「太虛」當指超乎相對虛實之上，是虛而不虛之無形卻實存的天道。而心即同一於此虛而不虛之太虛，故曰「心一太虛」。「聖心太虛」則由心不主動應物言其虛。蓋心主動應物，心便執於所應之物而不自由。若心不主動應物，自不滯於物，而可虛靜自由地回應萬物，故曰「聖言如鐘，鐘待撞而鳴，己不自鳴。」

> 夫心非嗒然若死灰也，不動於正必動於邪。[30]
> 寂如谷動如燭，謂之心。守如關放如九，謂之術。何謂谷，谺然其空窈然其深也。何謂燭，秉之而高焰之而徹也。[31]
> 心有矩而勿踰，吾亦孔也。心有仁而勿違，吾亦顏也，如不欲肖斯已耳，欲之誰禦焉。[32]

由「不動於正，必動於邪」言心為善惡諸行發動處，而所謂「力，標也；心，本也。力自心生。」(《叢話・兵要》) 亦言投射於外之力自心生。朱子亦云「心須兼廣大流行底意看，又需兼生意看。」[33]此皆不以心為死灰，而是廣大流行之生意，與實現生命之動能！「寂如谷」言心寂如谷之虛，可涵容萬有。「動如燭」則謂心能照物，如燭之明可判知萬物。合前所言，知心既能無所不知，又可無所不為，故云「知行之宰，莫神于心」(《叢話・才情》)。「心有矩，心有仁」謂心若以仁矩為價值標準，知行即以仁矩為其主宰之方向，則欲為孔為顏，莫之能禦矣！

---

30 〔越南〕阮德達：〈君道〉，《南山叢話》，頁351。
31 〔越南〕阮德達：〈才情〉，《南山叢話》，頁155。
32 〔越南〕阮德達：〈大道〉，《南山叢話》，頁33。
33 〔宋〕朱熹：《朱子語類》，頁85。

（二）性

> 天予人性，一人一性，其實萬人一性也。[34]
> 德者性也，民性一我性也。[35]

「天予人性」以人之性稟受天理而有，性中便具此天理，便以天理為其性。朱子亦云「性者，即天理也，萬物稟而受之，無一理之不具。」[36]。「萬人一性」言天理乃遍在天地間，故既予我性，亦予人人一性。則人我雖異，所稟受於天理之性則同。「德者性」則又賦予此天予之性以道德價值。性即以德為質，而性由天生，則德亦應由天來，即天亦以德為質。如此天予人人之性以德，則人人亦以德為性，故曰「民性一我性」，曰「人之德義性也」（叢話・才情）如此說乃順中庸「天命之謂性」之思路而來。

> 或問明，翁曰：非燈非鏡，朗朗炯炯、照無留影，根諸性。[37]
> 性自不喧，置之喧而能寂。[38]

「性自不喧」言天予人性，人即以性為本，就其為不變之本言，自是靜而不喧。而心則是「知行之宰」是發動不已的，朱子即云「動處是心，動底是性」[39]阮氏亦云「心者，弦箭也。性者，的也。」（《叢話・志行》）心如弦箭為顯性之具，性為心所欲呈現之目標。箭當中

34　〔越南〕阮德達：〈德性〉，《南山叢話》，頁127。

35　〔越南〕阮德達：〈政術〉，《南山叢話》，頁232。

36　〔宋〕朱熹：《朱子語類》，頁96。

37　〔越南〕阮德達：〈德性〉，《南山叢話》，頁124。

38　〔越南〕阮德達：〈涉世〉，《南山叢話》，頁452。

39　〔宋〕朱熹：《朱子語類》，頁88。

的，即心當顯性。能顯者是心是能喧、被顯者是性是被喧。此由能顯被顯之對比，說明性為被顯之本質，故靜而不自喧。「朗朗炯炯」觀照萬物之能當為心，所謂「寂如谷，動如燭，謂之心」（見前）然此能朗照一切之心，則是以顯性為其根本。故心顯性即心根諸性而朗照一切，如此心、性皆有形上意義，故其照是照而無照，雖觀照卻不滯於所觀照之物上，故曰「照無留影」而心之觀照實依性而發，故曰「根諸性」。此段主在說明心是能動，性是被動，以心顯性的心性關係，此亦合於孟子、朱子以來儒家之說法。

> 因其生教之厚生，因其德教之正德，因其所喜以勸善，因其所憎以禁姦。皆人之所有于性，而聖人之所匠成也。[40]

所謂其生、其德，其所喜、其所憎，「皆人之所有于性」即不論屬善之德，或屬中性之生，或可由德性言，亦可由感性言之喜、憎，皆人本有之性，皆當匠成之。此即表示由人性至聖德，尚有一段距離，此固顯出修養之為必須外，尚顯出性未必皆以德言。尚有感性、才性等義！阮氏有曰「賢不賢定于性」（《叢話・運數》）賢能與否由性定，而非關學養，則此性當指命定之才性。此阮氏論性由中庸天命之謂性及孟子性善為說，然亦不廢告子「生之謂性」之說法！

（三）天

> 或問天，曰：心，何謂也。曰：天虛故大。[41]
> 順天下之是非為是，逆天下之是非為非。無定之定，定而無

---

40 〔越南〕阮達德：〈治道〉，《南山叢話》，頁199。
41 〔越南〕阮德達：〈德性〉，《南山叢話》，頁132。

　　　定，是謂是非之極。[42]

「天虛故大」蓋言天雖無具象可言而為虛，但正因其無何具象為內容，故無物不可納於其中。故此虛是虛而不虛，因其虛反成其大。張載有云「由太虛有天之名」[43]阮氏亦云「天下本靜也，本簡也」（《叢話・談餘》）此皆由天虛故寂靜，寂靜則能神感善應萬物，以萬物為其體現來說天虛故大之理！「是非之極」則透過「無定之定，定而無定」之辯證思維，透顯天乃超乎相對是非之上的是非最高判準。「無定之定」言不應以相對之是非為準則，但仍應有一為相對是非皆當遵守準則。「定而無定」言以絕對的是非為準則，唯此絕對是非之準則，落於相對時，反有互相彼此矛盾之可能。故不以相對界可能矛盾之是非為準，仍應以絕對的是非為準則。此言天既虛而無限大，又為絕對的是非判準，故可成其為萬物根本之義。

　　　君子之道，尊天以尊性，存心以存天，心性一天也。[44]

阮氏以仁、大為心，以虛、是非之極為天，「存心以存天」便謂存此仁德無限之心如同存此形上是非準則之天，以二者性質相通故也。性由天生，性之德由是非之極之天來，故「尊天以尊性」言尊此是非之極之天，即尊以德義為本之性也！心性雖有能動被動之別，然論其皆以形上道德為本質則無不同，且此本質皆源於天、同於天，故曰「心性一天」，如此說心性天是一，實同於孟子「盡其心者，知其性。知其性，則知天」[45]之貫通天人之性善論之架構。

42　〔越南〕阮德達：〈談餘〉，《南山叢話》，頁577。
43　〔宋〕張載：《張載集》（臺北：漢京文化公司，1983年），頁9。
44　〔越南〕阮德達：〈大道〉，《南山叢話》，頁30。
45　〔宋〕朱熹：《四書章句集註》，頁349。

（四）氣

> 虛實者，氣也。氣盈則伸，氣乏則詘。[46]
>
> 性為天，形為地，氣運其中為人，三才之道也。[47]
>
> 性非氣死灰也，形非氣空蛻也。夫氣者，性合之，如魚在水；
> 形依之，如龍得雲。[48]

「虛實者氣」言氣為一無形之動能，盈則伸而實，乏則細而虛。但非如心性有價值意義，而是現實層者。「性非氣死灰，形非氣空蛻」言性若無氣實之，則如死灰，不成其為能動之理；形若無氣實之，則如空蛻之殼，不成其為顯性之憑藉。故氣與性合，則性可成就其為能動之理，形若依氣，則可完成其為工具之用。朱子亦云「性非氣質，則無所寄；氣非天性，則無所成。」[49]即言天性須落於氣質才是真實具體。氣質亦當以天性主宰，否則不能成就德業。張載亦云「性通極於無，氣其一物耳。」[50]侯外廬等先生編註之《宋明理學史》上卷釋此有云：

> 天性與氣是不可分離的，無論氣以何種形式出現，天性都體現
> 於其中。天性實際上就是天地陰陽運行推移，化生萬物的本性
> 和萬物存在及變化的規則特徵。[51]

---

46 〔越南〕阮達德：〈國用〉，《南山叢話》，頁266。
47 〔越南〕阮達德：〈德性〉，《南山叢話》，頁124。
48 〔越南〕阮達德：〈才情〉，《南山叢話》，頁143。
49 〔宋〕朱熹：《朱子語類》，頁67。
50 〔宋〕張載：《張載集》，頁64。
51 侯外廬、邱漢生、張豈之主編：《宋明理學史》（北京：人民出版社，1984年4月），
上卷，頁102。

氣以性為體，性為氣化之一原則，二者質雖異卻相合而不分。知氣雖無價值內涵，但有現實上運動變化形成行為之工具義！而心與氣之別，在心為形上層顯性之動力，氣則為形下層具現性之動力！

> 志如人，氣如馬，理義者，人策馬之鞭轡也。鞭轡隨人，則馬馳。理氣輔志，則氣疆。[52]

此即言人志於善，而以理義為鞭，則可御如馬之氣而之善。知氣乃具體實現善意為善行之工具！為落實天理成人間之實物實理之氣化本身也。阮氏如此論氣，或受宋儒張載、二程、朱子等正視氣化世界為踐德所不可無之工具義的影響，故有云「必也，周程張朱乎，道滿門而悉通諸聖」（《叢話・聖賢》）

四　修養工夫之提出

《叢話》一書，甚重視實踐道德心性之修養工夫。如提出不相需而相值，以忤雙成之說，以解釋提出修養之必要。另對過惡如何由心、性、情、理等處產生，及受朱子影響而有「性情共域統于心」等觀點，皆有說明。

（一）須修養之因

1　不相需而相值

> 鏡翳于塵，非拂何瑩，有火則有灰，有鏡則有塵，不相需而相值者也，人生在世，何可無噓拂之力哉！[53]

52　〔越南〕阮德達：〈才情〉，《南山叢話》，頁142。
53　〔越南〕阮德達：〈師友〉，《南山叢話》，頁71。

「不相需而相值」乃阮氏明言人所以須修養之因，人生所遇若皆相需而相值，自能成己成物貫通天人。然卻常有不相需而相值之命限產生形成天人隔斷。但若無此不相需之命限干擾，又不足以顯現人可以修養超越克服命限，以回復天人和諧之要求。故曰「天置聖賢于晦塞，實開聖賢之明通。」(《叢話・運數》)

2　以忓雙成

> 臣謇謇而君黽勉，情甚忓也，而以忓雙成。[54]

「以忓雙成」乃由不相需而相值說明人須修養後，進言困限有益於人之說。蓋人稟天道而生，本欲於生命中全幅呈現天道，困於命限而不得爾。且人能否真稟其天性實現天道，若無命限之逼顯，實仍屬未知。反之，正因有困限，故可通過修養顯出人不為命所困，仍踐德不息之動力，與體現出超越命限，即有限而可無限的境界。故曰「權宰悍嫡，天以試貞士淑女也」(《叢話・敘倫》)

(二) 過之生

1　性汨欲、心生妄

> 人之性，天之所予我……汨于欲，汙于染，而覺悟磨濯之靡聞。[55]
> 善惡之歧，一心而已。[56]

性本天所予，自純乎天理，及「汨于欲，污于染」始駁雜而生惡。朱

54　〔越南〕阮達德：〈談餘〉，《南山叢話》，頁582。
55　〔越南〕阮達德：〈德性〉，《南山叢話》，頁125。
56　〔越南〕阮達德：〈志行〉，《南山叢話》，頁88。

子論惡之生亦云:「天命之謂性,即天命在人,便無不善處。人之一性,完然具足,何嘗有不善。人自不向善上去,茲所以為惡爾」[57]故人即以欲陷溺此性便是惡。「善惡之歧一心」言心本趨善,然若思慮計較萌動不已,越於志善之上,則成妄念而生惡,故有謂「心有幻覺,念頭生妄,是謂幻心」(《叢話・涉世》)

> 性情共域。性之著處情也,情之淨處性也,溺情而蕩性則愚。[58]
> 心觸物是生情,情交物是生欲。窒欲莫如禁媒。[59]

「性之著處情」之「著」下註「粘滯」,謂依性發而粘滯便成形下有限之情。「心觸物是生情」亦謂心觸物便著於物,失其無限之義而成情。如此論情,情雖為形下有限者,但尚屬中性,不得便謂為惡。及「情交物是生欲」則中性之情為物所誘,不以道德為主宰,此時情逐變成為惡之欲。「性情共域」下雙行小註云「皆統於心」此或受朱子「心統性情」說之影響,朱子有云:

> 性是未動,情是已動,心包得已動未動。蓋心之未動則為性,
> 已動則為情,所謂「心統性情」也。欲是情發展出來底。[60]

「性未動」言其為不變之天理,「情已動」言其為依性而發,而為性之動,即「性之著處情也」。而「情之淨處性」則言情若清淨無染,與性雖仍有形上下之別,但內涵上卻可與無染滯之性同。「心之未動

---

57 〔宋〕朱熹:《朱子語類》,頁203。
58 〔越南〕阮達德:〈大道〉,《南山叢話》,頁30。
59 〔越南〕阮達德:〈才情〉,《南山叢話》,頁141。
60 〔宋〕朱熹:《朱子語類》,頁93。

為性，已動為情」謂心以性為其理故言不動，心以情為心氣之所發故言已動。故知性情雖有淨與不淨之別，但彼此相生共域而皆統於心也。唯朱子視性為不動之理，而有心性二分之說，阮氏則似未加討論，仍言「心性一天」之說法！

2 理遏生欲

> 天下無天理外之人欲，亦無人欲外之天理。火鬱為煙，煙即火也，火非熾不熾。熾火者，煙微則光，非外煙而他索光也。[61]

「無天理外之人欲，無人欲外之天理」此固言理在欲中，欲以顯理，理欲不離不雜之境界。唯欲若由私欲言，則此亦可視為阮氏「不相需而相值」理論之引申。「火鬱為煙，煙即火也」言火煙相異而相值，正如理欲相異亦相值，過即往往因此而生。火鬱即理遏，煙生即欲生，故火鬱生煙，即理遏欲生。「火非熾不熾」言理非由工夫遏欲則不足以顯理。「煙微則光」謂煙微即欲微，欲微則理顯而生光！知理欲相異而相值，故理存則欲遏而無過，欲存則理遏而生過。所謂「性充則性範其情，性虧則情陵其性」（《叢話‧才情》）亦同此意。

五 修養之原則

心性思想貴在實踐，以圓滿天人和諧之理想。而心性天之全幅實現，便是修養之最高原則。下即由性君形，內外交養，進言以不化應化，由下而上，分段說明各階段的修養原則。

---

61 〔越南〕阮達德：〈才情〉，《南山叢話》，頁142。

（一）性君形

> 神貴于形也，夫神君也，形臣也。賢能滿朝必宰於君。[62]
> 聖以性君形，狂以形君性。性為主者，形從而利。形為主者，性從而害。[63]

「神貴於形」乃阮氏重視心性修養，遂以心性為第一義，形體為第二義之必然結果。唯阮氏亦喜援用道家思想，故「神貴於形」亦可由莊子真宰之說釋之。《莊子・齊物論》有云：「若有真宰，而特不得其朕。百骸九竅六藏，賅而存焉，其遞相為君臣乎？其有真君存焉」[64] 真宰指無形無朕兆，而為百骸九竅六藏等有形感官之上的生命主宰，因其無形為虛，故能化於形體中為其主宰。無形真宰為形體之主，則神自亦貴於形。「性君形」即順言形體由天性作主，則有實現道德自我之利。反之，生命由形驅情欲作主，則欲存理遏而生過矣！

（二）內外交養

> 或問君子養身，重內乎，重外乎？曰：內外交也。其外黯然，居群人也。其內皭然，道包身也。應卒而不乏，彌久而不垢。[65]

前言性君形，以重內輕外為起始克制情欲當循之原則。此言「內外交」養，則由「無理外之欲，無欲外之理」強調修養之最高準則，當達於理由欲顯，欲皆合理之和諧境界。「外黯然」言與群人居時，不

62　〔越南〕阮達德：〈德性〉，《南山叢話》，頁138。
63　〔越南〕阮達德：〈才情〉，《南山叢話》，頁149。
64　郭慶藩：《校正莊子集釋》（臺北：世界書局，1974年11月），頁55。
65　〔越南〕阮達德：〈志行〉，《南山叢話》，頁100。

求特出，蓋特出即違人生自然和諧之原則，而成一偏狹之發展，反易落於早亡之地步。老子故云「果而勿強，物壯則老，是謂不道，不道早已。」[66]又當生命以道為主宰，言行思慮無不合道時。其實正謂生命不為情識所陷溺，反能復歸本然之虛靜清明，此即「內嚼然」之義。如此外則和光同塵，內則知常而明，自可達於萬應而身不乏，周行而心不垢之無入不自得之化境。下即接言此化境之用。

（三）以不化應化

夫有無，形也。而形形者，無有無也。是故以不化應化。[67]
以不聲聲而響盈四表，以不形形而精格上下，是以天心施化者也。故一動其本，而百枝皆應。[68]

「以不化應化」下雙行小註云「化者形骸也，不化者精神」，知形體可分有無。然「形形」即具體形成物且為之主者，則因其為不與物遷化之精神，故是「無有無」之分別。可知化者是或有或無而為有限，不化者無有無，而通乎有無。故不化之精神可為有限之形之主宰。「不聲聲」指無聲而無所不為聲之天聲，及不滯某一聲而可為任一聲之本之天聲。若以天聲言，自響盈四表，天下莫不聞。同理，以「不形形」之天來形物，自可精格上下，天下無有不形者，如此以不化之天心施化，自無聲而不為聲，無形而不為形！無為而無不為，不化而無不化，故「一動其本，而百枝皆應」唯此以不化應化，是由性君形，進而內外交養有此化境後，反過來，以此化境重新體現於人間，顯發其修養之大用。故經此超越之辯證歷程，則以不化應化，便非只

---

66 〔魏〕王弼：《老子王弼注》，頁42。

67 〔越南〕阮達德：〈才情〉，《南山叢話》，頁150。

68 〔越南〕阮達德：〈才情〉，《南山叢話》，頁156。

前所言性君形之義而已，尚有超越有限而可無限之義。

六　修養之方法

　　本節主在析論順心性思想之主旨，所提出心不離約，以性通性之修養工夫。又因受道家虛靜無為觀念影響，亦主張虛、忘之工夫。冀達超越分別、人我兩忘之境界。

（一）心不離約

> 心不離約，則物莫之害也。[69]
> 養心莫若恬，恬是生瑩。外誘紛之，其清淆焉，方寸地而千斛塵矣，誘絕則靈。[70]
> 求道者莫若追心，追心莫若驅妄。四非必克，所以驅也。四端皆擴，所謂追也。[71]

　　「心不離約」言心之用主在發動並實現天理，故凡所動而無非天理，便是心不離約。所謂「約者，好易簡恬靜」（《叢話‧涉世》）亦言心好易簡恬靜之天理，便是約。約之目的，在求不為物誘而合天理。約非形下不活動不創造之約，反是形上的「虛而不屈，動而愈出」[72]「事一於內，內可外也」之義（《叢話‧政術》）心本簡靜，為外誘紛擾則塵垢矣，故「養心莫若恬」恬則虛靜，而念頭省妄，不誘於外物！此道家養心之法。阮氏又有孟子收放心之法。「追心」下雙行小

69　〔越南〕阮達德：〈志行〉，《南山叢話》，頁89。
70　〔越南〕阮達德：〈德行〉，《南山叢話》，頁126。
71　〔越南〕阮達德：〈大道〉，《南山叢話》，頁31。
72　〔魏〕王弼：《老子王弼注》，頁7。

註云「收放心也」心之放在於消極地不能克四非，積極地不能擴四端，遂逐妄而去。若能克四非而無過，擴四端以行善，自可收此放心。程子亦云：「聖賢千言萬語，只是欲人將已放之心約之，使反復入身來，自能尋向上去，下學而上達」[73]可知約此放心，便是收放心，心不離約之道。

（二）以性通性

> 循其性之所有，而去其性之所無，是謂以性通性。[74]
> 性，我師也。矯其偏而達其性，由誰而不由我哉。[75]
> 聖人損欲而從事于性，性得則道得矣，得道者得于一也。[76]

「以性通性」乃養性徹上徹下之法既可循性以去惡成德，又可以之為回復心性本然之法。此亦所謂「得性者，見其本性，失性者，合於他性」（《叢話·才情》）之義。「性我師」言德義之性，正是生命價值歸趨之指標，分別善惡之準繩。循之為善，偏離便惡，故「以性通性」，便是以德性為師，「由我」通之也。「事性」之道則在損欲、約情。苟能損欲以禁爭，「約情以充性」（《叢話·才情》）使爭禁而性充，惡禁而善行，由不圓滿進至圓滿，便是「性得則道得」，復性而合道矣。

（三）虛

> 疆物為我，則中心有物，君子謂之累。離物于我，則身邊有

---

73 〔宋〕朱熹：《四書章句集註》，頁334。

74 〔越南〕阮達德：〈政術〉，《南山叢話》，頁233。

75 〔越南〕阮達德：〈師友〉，《南山叢話》，頁76-77。

76 〔越南〕阮達德：〈政術〉，《南山叢話》，頁238-239。

物，君子謂之贅。君子虛而已矣。無彼無己，無心無事，烏累
哉？是謂全哉。[77]

問養心，曰：專者雜之端也，空者實之地也，寂者擾之根也。
絕其端，掘其地，拔其根，則心不逐意往來，共事起滅。[78]

現實上本有人我之分，「無彼無己」則云心靈上不執著於人我之別，
則人可為我，我可為人，人我無別而自由自在。「疆物為我則中心有
物」之為累，在物我是二非一。「離物於我則身邊有物」之為贅亦
在，分物我為二而贅一！唯有「虛」而放下物我之別，才能進入物我
無別，無心無事，無累無贅之境。《莊子・大宗師》即云「墮肢體，
黜聰明，離形去知，同於大通」[79]離形去知即言擺脫形體，排除情
識，使心靈虛靜自由，不限溺於物我有別之相對中，自然物我無別而
同於大通。故因虛而無心無事，反得全其天器，實即明道定性書所云
「天地之常，以其心普萬物而無心。聖人之常，以其情順萬事而無
情」[80]之境界。專者為何為雜之端？空為何為實之地？蓋因「有無相
生，難易相成」[81]心執取此，便不取彼，心便失其無限遍在義，而落
入形下成相對之有限！故不論心執取專、空、寂任一法，如此回復其
無分別無執取，虛靈應物之原位，便能避開「有無相生」所造成之限
制。故儒之專、佛之空、道之寂雖皆修養以上達之一法。但一執取某
法，便為某法所限而落於形下，失其上達無限天道之可能。故心唯有
以「虛」應物，方能避開執取之病。

77　〔越南〕阮達德：〈涉世〉，《南山叢話》，頁455。
78　〔越南〕阮達德：〈德行〉，《南山叢話》，頁126。
79　郭慶藩：《校正莊子集釋》，頁284。
80　〔宋〕程顥、程頤著：《二程集》，頁460。
81　〔魏〕王弼：《老子王弼注》，頁3。

（四）忘

> 忘濃忘淡，何濃非淡？忘躁忘靜，何躁非靜？故曰：致道忘心。[82]

> 無智非無智也，我忘其智，人亦與之忘智，是謂兩忘，兩忘則化。[83]

老子有云「靜為躁君」[84]蓋躁由靜生，無靜便無躁，故曰靜為躁君。唯靜躁對言，而以靜為躁君，實皆心之主觀認知執取所形成。一執取，所執者便成心之封限，使心落入相對之靜或躁中失其可靜可躁無可無不可之本質。故唯有「忘心」判分躁靜相對之認知，及靜君躁高下分別之執取！使心無執無取，忘躁靜之別，則靜亦躁，躁亦靜，「何躁非靜」矣！「智」為封限心靈自由之主觀思慮，我有智雖便為智所限又以之限人，人有智亦為智所限又以之限我。則天道雖顯人卻自限隔天道，過惡叢生矣。故人我皆當忘此自限限人之智，回復人我相通和諧之化境！郭象注「吾喪我」即云「吾喪我，我自忘矣；我自忘矣，天下有何物有足識哉！故都忘外內，然後俱得超然。」[85]我自忘，既已無主觀之認知，自無法以己之認知識他物，亦不至掉入判分人我之認知中，故人我「兩忘」其智，自俱得超然於無認知封限之自由化境！

---

82 〔越南〕阮達德：〈涉世〉，《南山叢話》，頁452。
83 〔越南〕阮達德：〈涉世〉，《南山叢話》，頁457。
84 〔魏〕王弼：《老子王弼注》，頁36。
85 郭慶藩：《校正莊子集釋》，頁45。

七 結語

　　綜上析論可知，叢話一書以儒家仁、德、心、性等思想為主，受宋儒周張二程影響尤深。然對道家思想亦甚感興趣，如所論心、性、天、道雖保有儒家之道德義，但亦加入甚多道家形上虛靜之觀念，並多以道家正奇相生、相反相得等觀念來知人論世。阮氏生逢西潮東漸之際，故甚重經世之學。因而對儒道等家心性思想之架構，未予深究，但取其可作為道德濟世所須之理論者。故對儒家天、仁之關係，老子「無名天地之始，有名萬物之母」等本體論皆較少論述。唯特喜道家「無為而無不為」即有限而可上達無限之辯證思維。此或受用世之需，故喜此能避免心靈為現實所困限，又不失其自由自主之思考模式。儒道思想並重，故以道援儒，自為書中不可避免之特色。如論德固以儒之道德釋之，但亦有道家「不德之德，德之上」（《叢話‧福德》）之主張。南山叢話一書，雖以思想為主幹，但阮氏對義理之論述，卻多以文學之駢詞對句表示，且用辭確當，少有以詞害意之病，此亦可見阮氏對道德修養著力之深厚也。

　　　　——原收錄於《中國文化學中文學報》第三期，1995年7月

結論

　　本書共討論十二篇論文以《老子》、《莊子》、道教、日本、韓國、越南為研究對象。因為拙著《元氣之外無太極》一書，主要討論宋明清理學中的氣論。拙著《「備包有無，本在於有」的氣論》一書，主要討論漢唐有關儒家氣論的研究。而本書《天地只一氣流行》的內容，主要以《老子》、《莊子》、道教、日本、韓國、越南的氣論為研究對象。試圖以這三本書，對整個東亞文化區，尤其是儒家、道教影響所及的時代與地區，對有氣論思想的學者或典籍，做一初步的整理與認識。

　　〈《老子指歸》、《老子道德經河上公章句》、《老子想爾注》的氣論〉一文，主要從《老子》「道生一，一生二，二生三，三生萬物，萬物負陰而抱陽，沖氣以為和」的架構，發展成架構一致，又各有不同關懷的三本書。有道為本氣為化，及氣為本氣為化的兩條二路。《老子指歸》的氣論，是以道為本，以為「有生於無，實生於虛，無無無之無，始未始之始，萬物所由。」強調道的本體性。又曰「一者，道之子，神明之母，太和之宗。」用比道低一位的「一」顯示其有創造、作用、體質、流動等義。主張以氣為化，「二以無之無，故能生三，三以無，故能生萬物。陰陽始別，和氣流行。」指創造的模式與體質都蘊涵在氣化中。又強調氣化一體，「天地人物，皆同元始，共一宗祖。」氣化有流通性又互有滲透性，故可以連結萬物而為一氣化整體。《老子道德經河上公章句》主張由道生氣，並未將道當作氣，道生一仍以道為體，氣為作用，將一視為精氣。又主張「精氣

感通」作用義強的天，體質義強的地，實行義強的人，皆可互相感通。《老子想爾注》解釋「一者道也」是把道、一、氣、自然、虛無都統為一體。直觀認為道即氣，去掉「道生一」的過程。所以說「道氣常上下」道與氣本一，不分上下。以道氣為非文字語言能說者，及文字語言能說者皆屬之。

〈《老子》對唐代道教氣論的影響──以吳筠為例〉一文，以天的日月星辰，地的東南西北，人的五官五臟共構成道之德的世界。「元氣者，無中之有，有中之無，萬象之端，兆朕于此。」由太虛之先論元氣，元氣生成作用與本體位階之道同列最高位。重視陰陽相生，認為「道本無動靜，而陰陽生焉。氣本無清濁，而天地形焉。」陰陽為道體生發的作用，有陰陽後有清濁，然後萬物成焉。元氣或道降為神魂即流行之作用，「性動為情」道於人為性，則神運為情。透過工夫，再「情返於道」。

〈清代劉鳳苞《南華雪心編》的氣論〉一文，先以道為最高實有「至高至深道之量，不見高深者道之化」再由無限的高深說道之量與化。量與化則指點萬物之眾名與殊異。又以道體有生生之作用，道在形氣中，化為陰陽四時，道運行不已，氣機生化亦不已。又主張道即物而存。道落於形跡，便非道之本體。唯道以氣化為自身之實現，因道體無限，自身顯現的氣化自亦無限，在化境上超越了形跡。「道體渾妙」道不因落於形跡成為有限，反可以藉者形跡的更迭，無方所限制的展現自身的整體性。又主張「元氣徹上徹下，太極即一，無而為有，有而為無。」元氣可貫徹上下兩間為一體。最高的太極與生化初始的一，並無二致。無而有，有而無乃氣化融通兩間的基本原則。

〈續清代劉鳳苞《南華雪心編》的氣化論〉一文，以氣化即道，感官肢體，「同於大通，徹上徹下，徹始徹終，皆元氣渾淪氣象。」不論由天而人，或人上返於天，能下貫上通的原因，在氣化萬物與道

沒有分別。「出者化之運動，遊者化之流行，處者化之收斂」氣化有運動、流行、收斂等不同作用，亦道化不已的次第階段。太極由無形命於有形為德，陰陽互為其根，由奇而偶，由分得合。合分之權操於氣化，此即為命。「自無而有者化，自有而無者亦化」由元氣生成萬化是化，萬物散歸元氣亦是化，生死、有無皆氣一體之化，不須執著分別。以上兩文皆由氣化論來詮釋《莊子》。

　　東漢《周易參同契》與隋代《五行大義》並為氣論的兩大基礎。影響即為深廣。《周易參同契》將道與易與氣皆置於最高位階。先天八卦以乾為南坤為北，至後天八卦將乾三陽轉中一陽為一陰成離卦為南，將坤三陰轉中一陰為一陽成坎卦為北，由乾坤坎離四正卦，再化生八卦六十四卦，其運行為易，其位階為道，其體質為氣。以乾坤兩卦為萬物的創生與完成的作用，而乾坤在氣化上的作用為陰陽二氣，陰陽二氣具體凝結為可見而有體質，為萬物實然生成的基本是天地。天地間更具體的生化實體，如日月星辰，天地間無形的流行，是神魂精魄，最後凝於地上，為男如離，為女如坎。同時，又十天干與十二地支與納甲等方法，做為用日用月的行進，做為計算時間的刻度。以五行對應五方位、四季、五臟、五音、五色、五體、五候、五志、五事、五聲、五德等，互相搭配，以二五之氣循環不已於其中。六十四卦由「朔旦屯直事」開始，至「既未至晦爽」做占卜人事順逆的象徵。晦朔弦望，月落起落的次序，也是氣化運行在煉丹的時間標示。亦即煉丹道，是以陰陽五行之氣運行在不同的時間、空間與人身的內外的次序與體質來進行。

　　〈論日本伊藤仁齋《語孟字義》與明代吳廷翰《吉齋漫錄》氣論思想的異同〉一文，吳廷翰為中土氣本論重要學者，但多為人所忽略。仁齋則為日本著名的主氣論者。仁齋對道、氣、理三者，視為同樣高的位階，但是從氣化的經驗層說，少言形上的天道，廷翰則以道

或氣為形上者。理學家論理氣關係,是為心性情三者關係定位。二人皆主氣。自然心的作用,性的本質,性所發的情,皆是氣的流行於不同部位而有的不同性質。不似理氣二分的朱子,將性視為形上之理,視心與情為形下之氣。

〈日本山田方谷「從一氣自然」的思想——兼及中國明清的氣論〉一文,方谷是由宇宙一大氣的立場,討論道、氣、太虛、自然等內容。認為宇宙只一大氣,由氣生理,理為氣之理,所以不主張有一形上之理,指導形下之氣,依傍這理而行。人若順氣而行,氣化的次序,便是仁義禮智的次序,所謂「氣之活潑變動,斯生條理,非始有條理之存。」天地只一大氣,人得之為性,率此性為道。一氣的進退,無始無終,道之進退,始終即如氣。

〈韓國李珥與明代羅欽順「理氣心性論」的比較——以「理氣渾一」為詮釋進路〉一文,羅欽順在中土是與王廷相齊名,主要的氣論者,李珥則是韓國著名的「理氣渾一」學者。李珥認為理是「無形無為而為有形有為之本者」,氣是「有形有為而為無形無為之器者」,理無形為氣有形之本,此固為氣論基本常識。但李珥之理,非形上之理,而是人之喜怒,天之春夏等實然秩序來的。且萬有不齊亦是乘氣化流行而有萬殊,指氣亦有生生之普遍性。同時認為萬物「或受五行之正氣,或受天地之乖氣,或生於陰陽之相激,或生於二氣之發散」而品類萬殊,此處重視經驗氣化具體可能的多種變化之原因,不只說形上原則,知其偏氣化的宇宙觀。又主張「理氣一體」,如「就理上求氣,則沖漠無朕,而萬象森然。就氣上求理,則一陰一陽之謂道。」用沖漠無朕的渾然一體,來化解理與氣分別說的對立,用整全圓融的境界,承認由理可見氣,氣中可見理,理氣為一體的說法。

〈韓國丁茶山的氣論思想〉一文,討論韓儒丁茶山,不以易、道等視為形上本體,而是重視經驗層的氣化宇宙論,將太極、易等視為

以原氣為內容的實體。「天者一氣也，氣升降不相交濟，是違行也。」氣由天說，不由本體說，故非以理為本體，亦非以氣為本體，而是以「一氣」有升降相濟乃有天地之生成。以乾為陽氣，萬物稟此陽氣以生，配以陰氣而成。因乾陽為燥氣，乾涸。坤為隱氣，隱而燥，如兩人相隨而好相應。又主張本然之性沒有大小，尊卑之分別，特因秉氣有殊異，才有性善惡之分。反對性隨環境而改變，亦即反對朱子所謂枯槁之性中有本然之性。強調人只有虛靈一體，此體中可有草木、禽獸等不同的意向與能力，但天只一氣，故人亦只有一性。一氣能生萬有，一性亦有多向性，但仍只一性，此為茶山的特色。

〈越南阮達德《南山叢話》的心性思想〉一文，雖以論氣為論文主軸，齊中仍有「虛實者，氣。氣盈則伸，氣乏則詘」之語，知其以虛實盈縮等現象的改變來論氣。

綜合上述諸文，談《老子》、《莊子》者，多有以道為本體，氣為第二義者，然道如何生氣之問題，難有一足以說明氣從何處來的答案，所以有將氣提高至本體位階，以說氣來自於氣的思想。而道教則普遍地由宇宙論說氣。日本、韓國、越南論氣者，亦對氣的本體性格，較少論及，也主要由經驗世界的認知，來討論宇宙層次的氣。

參考文獻

一　古籍原典（按書名筆劃順序排列）

《二程集》：〔宋〕程顥、程頤著，臺北：漢京文化公司，1983年。

《大學蒙注》：〔日本〕中江藤樹，東京：明德出版社，1972年。

《五行大義》：〔隋〕蕭吉，臺北：新文豐出版公司，2004年。

《太乙金華宗旨》，成都：巴蜀書社出版，1994年。

《太平經合校》：王明編，北京：中華書局出版，1960年。

《文心雕龍注釋》：〔南朝梁〕劉勰著；周振甫注，臺北：里仁書局，
　　　　　1994年。

《方壺外史》：〔明〕陸西星，新北市：自由出版社，2015年。

《王文公文集》：〔宋〕王安石著；唐武標校，上海：上海人民出版
　　　　　社，1974年。

《王廷相哲學選集》：〔明〕王廷相，臺北：河洛出版社，1974年。

《王廷相集》：〔明〕王廷相，北京：中華書局，1989年。

《王弼集校釋》：〔魏〕王弼著；樓宇烈校釋，北京：中華書局，1980
　　　　　年。

《王陽明全書》：〔明〕王守仁著，臺北：大申書局，1983年。

《王陽明傳習錄與大學問》：〔明〕王守仁，臺北：黎明文化公司，
　　　　　1986年。

《古文苑》：〔宋〕章樵注，臺北：鼎文書局，1073年1月。

《司馬文正公傳家集》：〔宋〕司馬光，收入王雲五主編：《國學基本
　　　　叢書四百種》，臺北：商務印書館，1968年。

《四書章句集註》：〔宋〕朱熹撰，高雄：復文圖書出版社，1990年。

《左傳》：〔晉〕杜預集解；〔唐〕孔穎達等正義；〔清〕阮元校勘，臺
　　　　北：藝文印書館，2011年，收入《十三經注疏》影印嘉慶二
　　　　十年江西南昌府學刻本。

《白虎通·五行》：〔漢〕班固，臺北：新文豐出版社，1985年。

《先儒性命理氣說》：〔清〕呂緝熙，收入蕭天石主編：《宋元明清善
　　　　本叢刊·中國子學名著集成珍本初編》，臺北：中國子學名
　　　　著集成編印基金會。1978年。

《朱子語類》：〔宋〕朱熹著；〔宋〕黎靖德編，臺北：文津出版社，
　　　　1986年。

《朱文公文集》：〔宋〕朱熹，收入張元濟主編：《四部叢刊初編本》，
　　　　臺北：臺灣商務印書館，1975年。

《老子王弼注》：〔三國〕王弼，臺北：河洛圖書出版社，1974年。

《老子指歸》：〔漢〕嚴遵注，王德有點校，北京：中華書局，1994年
　　　　3月。

《老子想爾注校證》：饒宗頤，上海：古籍出版社，1991。

《老子道德經河上公章句》：〔漢〕河上公，北京：中華書局，1993年
　　　　8月。

《老子道德經注校釋》：〔魏〕王弼注；樓宇烈校釋，北京：中華書
　　　　局，2010年。

《吳廷翰集》：〔明〕吳廷翰著；容肇祖點校，北京，中華書局，
　　　　1984。

《呂氏春秋》：〔秦〕呂不韋，臺北：中華書局出版，1954年。

《困知記》：〔明〕羅欽順，收入蕭天石主編：《宋元明清善本叢刊·

中國子學名著集成珍本初編》，臺北：中國子學名著集成編印委員會印行，1978年。

《困知記》：〔明〕羅欽順撰；閻韜譯註，成都：巴蜀書社，2000年。

《周子全書》：〔宋〕周敦頤撰，臺北：臺灣商務印書館，1978年。

《周易》：鍾彩鈞點校，臺北：中央研究院中國文哲研究所，2017年。

《周易正義》：〔魏〕王弼注；〔唐〕孔穎達疏；盧光明、李申整理，臺北：臺灣古籍出版，2001年。

《周易注疏》：〔魏〕王弼著；〔晉〕韓康伯注；〔唐〕孔穎達疏，臺北：臺灣學生書局印行，1998年。

《周易參同契分章通真義》：〔漢〕魏伯陽撰；〔五代後蜀〕彭曉注，成都：四川人民出版社，1997年。

《周易繫辭上》，臺北：藝文印書館，1976年5月，頁144。

《孟子正義》：〔清〕焦循，臺北：文津出版社，1988年。

《孟子注疏》：〔漢〕趙岐注；〔宋〕孫奭疏；〔清〕阮元校勘，臺北：藝文印書館，2011年。收入《十三經注疏》影印嘉慶二十年江西南昌府學刻本。

《孟子養氣章或問圖解》：〔日本〕山田球著，大阪：惟明堂大阪支店據東京弘道書院藏版刊印，1902年。

《宗玄先生玄綱論》：〔唐〕吳筠，收入〔明〕張宇初編撰、李一氓主編：《道藏》，上海：上海書店、文物出版社、天津古籍出版社聯合出版，1994年。

《抱朴子內篇校釋》：王明，北京：中華書局，2007年10月。

《物理論》：〔晉〕楊泉，臺北：新文豐出版社，1985年。

《芸臺類語》：〔越南〕黎貴惇，臺北：國立臺灣大學出版中心，2012年。

《信古餘論》：〔明〕徐三重，收入《四庫全書存目叢書》編纂出版工

作委員會編：《四庫全書存目叢書》，臺南：莊嚴文化公司出版，1997年，影印北京圖書館藏清鈔本。

《南軒集》：〔宋〕張栻著，臺北：廣學社印書館，1975年。

《南華真經注疏》：〔晉〕郭象注；〔唐〕成玄英疏；曹礎基、黃蘭發點校，北京：中華書局，1998年7月。

《南華雪心編》：〔清〕劉鳳苞撰；方勇點校，北京：中華書局，2013年。

《春秋繁露》：〔漢〕董仲舒，收入王雲五主編：《四庫全書珍本別輯》，臺北：臺灣商務印書館，1975年。

《春秋繁露義證》：〔清〕蘇輿，北京：中華書局，2002年8月。

《悟真篇注疏》：〔宋〕張伯端撰；翁葆光注疏，成都：四川人民出版社，1998年。

《時習新知》：〔明〕郝敬，濟南：齊魯書出版社，1995年。

《栗谷集》：〔韓國〕李栗谷，收入於〔韓國〕裴宗鎬編：《韓國儒學資料集成（上）》，首爾特別市：延世大學出版部，1980年。

《校正莊子集釋》：郭慶藩，臺北：世界書局，1974年。

《荀子集解》：〔戰國〕荀子，臺北：世界書局，1974年。

《高子遺書》：〔明〕高攀龍撰；陳龍正編，收於《景印文淵閣四庫全書》第1292冊，臺北：臺灣商務印書館，1986年。

《健菴性命理氣說》：〔清〕呂緝熙著，收入蕭天石主編：《宋元明清善本叢刊・中國子學名著集成珍本初編》，臺北：中國子學名著集成編印基金會。1978年。

《國語》：〔魏〕韋昭注，臺北：新文豐出版公司，1986年。

《張栻全集》：〔宋〕張栻著；楊世文、楊蓉貴點校，長春，長春出版社，1999年。

《張載集》：〔宋〕張載，臺北：漢京文化事業公司，1983年9月。

《淮南子》：〔漢〕劉安編；高誘注，上海：古籍出版社，1991年4月。

《船山全書》：〔明〕王夫之著，湖南：嶽麓書社，1922年。

《陳確集》：〔明〕陳確，臺北：漢京文化公司，1984年。

《寒松堂全集》：〔清〕魏象樞撰，北京，中華書局，1996年。

《渾天儀》：〔漢〕張衡，臺北：藝文印書館，1970年。

《黃宗羲全集》：〔清〕黃宗羲，杭州：浙江古籍出版社，1985年。

《黃帝內經集注》，杭州：浙江古籍出版，2002年。

《楚辭注釋》：楊金鼎、王從仁、劉德重、殷光嘉注，臺北：文津出
　　　　版社，1993年。

《道德真經廣聖義》：〔唐〕杜光庭著；〔明〕張宇初編撰；李一氓主
　　　　編《道藏》，上海：上海書店，文物出版社，天津古籍出版
　　　　社聯合出版，1994年。

《管子》：〔齊〕管仲，臺北：中華書局出版，1954年。

《管子校釋》：〔東周〕管仲著；顏昌嶢校釋，長沙：嶽麓書社，1996
　　　　年。

《與猶堂全書》：〔韓國〕丁茶山，首爾特別市：다산학술문화재단，
　　　　2012年。

《語孟字義》：〔日本〕伊藤仁齋著；〔日本〕吉川幸次郎、清水茂同
　　　　校注，收入《伊藤仁齋・伊藤東涯》，東京：言波書店，
　　　　1983年。

《說文解字注》：〔漢〕許慎撰；〔清〕段玉裁注，臺北：洪葉文化事
　　　　業有限公司，1999年。

《劉宗周全集》：戴璉璋、吳光主編，臺北：中央研究院中國文哲研
　　　　究所，1996年。

《墨子閒詁》：〔清〕孫詒讓，臺北：河洛出版社，1978年。

《論學小記》：〔清〕程瑤田，收入於《叢書集成續編》總類第十，臺
　　　　北：新文豐出版公司，1989年。

《論衡校釋》：〔漢〕王充著；黃暉校釋，北京：中華書局，1990年2
　　　月。

《戴震全書》：〔清〕戴震，安徽：黃山書社，1995年。

《薛瑄全集》：〔明〕薛瑄撰，山西：人民出版社，1990年。

《禮記正義》：〔漢〕鄭玄注；〔唐〕孔穎達等正義；〔清〕阮元校勘，
　　　　　收錄於《十三經注疏》第五冊，臺北：藝文印書館，1989
　　　　　年，影印嘉慶二十年江西南昌府學刻本。

《禮記集解》：〔清〕孫希旦，臺北：文史哲出版社，1990年。

二　專書著作（按書名筆劃順序排列）

《中國、日本、朝鮮實學比較》：李甦平等著，安徽：安徽人民出版
　　　社，1995年。

《中國古代思想中的氣論及身體觀》：楊儒賓主編，臺北：巨流圖
　　　書，1993年。

《中國經典詮釋傳統》：黃俊傑等編，臺北：喜瑪拉雅基金會發行：
　　　樂學總經銷，2001年。

《中國道教史》：任繼愈主編，上海：上海人民出版社，1990年。

《五行大義研究》：劉國忠，瀋陽：遼寧教育出版社，1999年。

《五行原論：先秦思想的太初存有論》：楊儒賓著，新北市：聯經出
　　　版：聯合發行總經銷，2018年。

《元氣之外無太極──宋明清理學中的「氣論」研究》：王俊彥著，
　　　臺北：萬卷樓圖書公司，2020年。

《六朝文氣論探究》：鄭毓瑜著，臺北：國立臺灣大學文學院，1988
　　　年。

《六朝隋唐道教文獻研究》：鄭燦山著，臺北：新文豐，2014年。

《六朝道教上清派研究》：蕭登福著，臺北：文津，2005年。

《文氣論研究》：朱榮智著，臺北：臺灣學生書局，1986年。

《日本漢學研究初探》：張寶三，楊儒賓編，臺北：喜瑪拉雅研究發展基金會發行：樂學總經銷，2002年。

《日本漢學研究續探》：張寶三，楊儒賓等編，臺北：國立臺灣大學出版中心，2005年。

《王廷相與明代氣學》：王俊彥著，臺北：秀威資訊科技公司，2005年。

《司馬光哲學研究：以荀學與自然氣本論為進路》：張晶晶著，新北市：花木蘭文化事業公司，2013年。

《先秦兩漢冥界及神仙思想探原》：蕭登福著，臺北：文津出版社，2001年。

《朱舜水與近世日本儒學的發展》：徐興慶編，臺北：台大出版中心，2015年。

《自然概念史論》：楊儒賓編，臺北：國立臺灣大學出版中心，2014年。

《宋明理學》：蔡仁厚，臺北：學生書局，1993年。

《宋明理學史》：侯外廬、邱漢生、張豈之主編，北京：人民出版社，1984年。

《身體與社會》：楊儒賓、何乏筆主編，臺北：唐山出版社，2004年。

《周易參同契研究》：馬宗君著，山東：齊魯書社，2011年。

《易傳之形成及其思想》：戴璉璋著，臺北：文津出版社，2019年。

《易圖象與易詮釋》：鄭吉雄，臺北：喜馬拉雅研究發展基金會，2002年。

《易學哲學史》：朱伯崑著：臺北：藍燈文化公司，1991年。

《東亞文化交流中的儒家經典與理念：互動、轉化與融合》：黃俊傑著，臺北：國立臺灣大學出版中心，2016年。

《東亞視域中的茶山學與朝鮮儒學》：黃俊傑編，臺北：國立臺灣大
　　　學出版中心，2006年。

《東亞視域中的越南》：鍾彩鈞主編，臺北：中央研究院，中國文哲
　　　研究所，2015年。

《東亞儒者的四書詮釋》：黃俊傑編，臺北：國立臺灣大學出版中
　　　心，2005年。

《東亞儒學：經典與詮釋的辯證》：黃俊傑著，臺北：國立臺灣大學
　　　出版中心，2007年。

《東亞儒學史的新視野》：黃俊傑著，臺北：國立臺灣大學出版中
　　　心，2015年。

《東亞儒學與經典詮釋：韓國與越南儒學的開展》：林月惠主編，臺
　　　北：中央研究院中國文哲研究所，2022年。

《東晉唐初道教道德經學：關於道德經與重玄思想暨太玄部之討論》：
　　　鄭燦山著，國立編譯館主編，臺北：臺灣學生書局，2009年。

《氣》：張立文主編，臺北：漢興書局，1994年。

《氣論釋物的身體哲學：陰陽、五行、精氣理論的身體形構》：陳德
　　　興著，臺北：五南圖書出版公司，2009年。

《針灸臟腑經絡氣化論》：徐忠志著，高雄：春暉出版社，2005年。

《從羅近溪「一陽之氣」到李贄、湯顯祖文藝思想：以中國氣論為研
　　　究進路看古典文論》：張美娟著，臺北：臺灣學生書局，2011
　　　年。

《理在氣中：羅欽順、王廷相、顧炎武、戴震氣本論研究》：劉又銘
　　　著，臺北：五南圖書出版公司，2000年。

《理學的演變──從朱熹到王夫之、戴震》：蒙培元著，福州：福建
　　　人民出版社，1984年。

《異議的意義──近世東亞的反理學思潮》：楊儒賓主編，臺北：國
　　　立臺大出版中心，2016年。

《船山論養浩然之氣新述》：張廷榮著，臺北：臺灣商務印書館，
　　　1974年。

《莊子氣論探微》：婁世麗著，新北市：花木蘭文化事業公司，2010
　　　年。

《「備包有無，本在於有」的氣論──以由經學而理學為範圍》：王俊
　　　彥著，臺北：萬卷樓圖書股份有限公司，2021年。

《揚雄《太玄》《法言》之氣論思想研究》：黃嘉琳著，新北市：花木
　　　蘭文化事業公司，2011年。

《朝鮮儒者對儒家傳統的解釋》：黃俊傑編，臺北：國立臺灣大學出
　　　版中心，2012年。

《黃金之花的秘密：道教內丹學引論》：〔瑞士〕榮格著；楊儒賓譯，
　　　臺北：商鼎數位出版社，2002年。

《董仲舒《春秋繁露》氣論思想研究》：蕭又寧著，新北市：花木蘭
　　　文化事業公司，2013年。

《虞翻易學的氣論思想研究》：黃嘉琳著，新北市：花木蘭文化事業
　　　公司，2015年。

《道家道教與中土佛教初期經義發展》：蕭登福著，上海：上海古籍
　　　出版社，2003年。

《道家與古之道術》：楊儒賓著，新竹：國立清華大學出版社，2019年。

《道學通論：道家、道教、丹道》：胡孚琛、呂錫琛著，北京：社會
　　　科學文獻出版社，2004年。

《《管子》四篇〔精氣論〕研究》：劉智妙著，新北市：花木蘭文化事
　　　業公司，2014年。

《論王船山易學與氣論並重的形上學進路》：杜保瑞著，新北市：花
　　　木蘭文化事業公司，2010年。

《儒學的氣論與工夫論》：楊儒賓、祝平次編，臺北：國立臺灣大學
　　　出版中心，2005年。

《《禮記》氣論思想研究》：賴昇宏著，新北市：花木蘭文化事業公
　　　司，2011年。

《魏晉神仙道教：《抱朴子內篇》研究》：胡孚琛著，臺北：臺灣商務
　　　印書館，1992年。

《讖緯與道教》：蕭登福著，臺北：文津出版公司，2000年。

著作集叢書・王俊彥氣論叢刊　1604003

天地間只一氣流行
──以道家、日本、韓國、越南為範圍

著　　者　王俊彥
責任編輯　林以邠

發 行 人　林慶彰
總 經 理　梁錦興
總 編 輯　張晏瑞
編 輯 所　萬卷樓圖書股份有限公司
　　　　　臺北市羅斯福路二段 41 號 6 樓之 3
　　　　　電話 (02)23216565
　　　　　傳真 (02)23218698
發　　行　萬卷樓圖書股份有限公司
　　　　　臺北市羅斯福路二段 41 號 6 樓之 3
　　　　　電話 (02)23216565
　　　　　傳真 (02)23218698
　　　　　電郵 SERVICE@WANJUAN.COM.TW
香港經銷　香港聯合書刊物流有限公司
　　　　　電話 (852)21502100
　　　　　傳真 (852)23560735

ISBN 978-626-386-000-1
2023 年 11 月初版
定價：新臺幣 360 元

如何購買本書：
1. 劃撥購書，請透過以下郵政劃撥帳號：
　　帳號：15624015
　　戶名：萬卷樓圖書股份有限公司
2. 轉帳購書，請透過以下帳戶
　　合作金庫銀行 古亭分行
　　戶名：萬卷樓圖書股份有限公司
　　帳號：0877717092596
3. 網路購書，請透過萬卷樓網站
　　網址 WWW.WANJUAN.COM.TW
大量購書，請直接聯繫我們，將有專人為
您服務。客服：(02)23216565 分機 610

如有缺頁、破損或裝訂錯誤，請寄回更換

國家圖書館出版品預行編目資料

天地間只一氣流行：以道家、日本、韓國、
越南為範圍/王俊彥著. -- 初版. -- 臺北市：萬
卷樓圖書股份有限公司, 2023.11
　　面；　公分. -- (著作集叢書. 王俊彥氣論叢
刊；1604003)
ISBN 978-626-386-000-1(平裝)
1.CST: 中國哲學 2.CST: 文集 3.CST: 東亞
120.7　　　　　　　　　　　　112017564